Música, Silencio y Fe

La armonía entre educación y espiritualidad

Enrique Guardiola Jiménez

"Existe una misteriosa y profunda relación entre música y esperanza, entre canto y Vida Eterna. Por este motivo, la tradición cristiana representa a los espíritus bienaventurados, en cuanto canta en coro, raptados y extasiados por la belleza de Dios."

— Benedicto XVI, 24 de abril de 2008.

A mi esposa, por su amor y apoyo incondicional, que me inspira a buscar la verdad y la belleza en cada nota musical y en cada palabra de fe.

A nuestra hija, que es un canto de esperanza y alegría en nuestras vidas, recordándome cada día la importancia de educar en la luz de la fe católica y la música, herramientas divinas para el crecimiento espiritual.

A mis padres, por transmitirme la fe y mi madre la pasión por la enseñanza.

Que este libro sea un reflejo de nuestra vida en familia y de nuestra búsqueda constante por entender y vivir el misterio de la música y la fe en comunión con Dios.

Índice

Introducción

En el corazón de la vida cristiana resuena una melodía que une lo terrenal con lo divino. La música, desde tiempos antiguos, ha sido un medio privilegiado para expresar la grandeza del misterio de Dios. A través de los cantos litúrgicos, himnos y oraciones entonadas, los fieles han encontrado una vía para alabar al Creador y, al mismo tiempo, nutrir su vida interior. En la tradición católica, la música no es simplemente un arte decorativo, sino una herramienta espiritual que conduce al hombre hacia la contemplación y la trascendencia.

El presente libro, tiene como objetivo explorar la profunda relación entre la música y la fe católica, con un enfoque particular en la Educación Primaria. En un mundo donde el ruido y la prisa parecen dominar, la educación en el silencio y la música sacra ofrece a los niños una oportunidad invaluable para desarrollar su vida espiritual y su conexión con lo sagrado. A través de la música, los educadores tienen la posibilidad de introducir a los más pequeños en la grandeza del misterio cristiano, ayudándoles a descubrir la belleza de la fe y la importancia de la contemplación.

Este libro parte de la convicción de que la música no solo es una herramienta pedagógica, sino un medio poderoso para transmitir la fe. La música en la liturgia, en la oración y en la vida diaria puede abrir las puertas del alma a Dios de manera que las palabras a veces no logran. En la Educación Primaria católica, esta conexión es esencial, ya que los primeros años de formación son el terreno fértil donde se siembran las semillas de la espiritualidad y la virtud.

A lo largo de estos capítulos, se desarrollarán temas fundamentales que conectan la música con la fe, desde su papel en la formación de las virtudes cristianas, hasta su capacidad para inspirar la oración y la alabanza. Se ofrecerán propuestas didácticas para integrar la música en el currículo escolar de una manera que potencie la experiencia religiosa y se discutirán los aspectos filosóficos y teológicos que subyacen en esta práctica.

La obra se inspira en los pensamientos y escritos de grandes figuras del pensamiento católico contemporáneo, como el papa Benedicto XVI, cuya reflexión teológica sobre la belleza y la música ofrece una base sólida para nuestra exploración. Al mismo tiempo, toma en cuenta las reflexiones del obispo Athanasius Schneider, quien nos recuerda la importancia de preservar y promover las tradiciones litúrgicas.

En definitiva, este libro busca ofrecer una mirada profunda y reflexiva sobre cómo la música puede convertirse en un puente entre el alma del hombre y Dios, y cómo, en el contexto de la Educación Primaria, puede servir como una herramienta valiosa para formar no solo músicos, sino también santos. **"Música, Silencio y Fe"** es una invitación a redescubrir la belleza de la música como vía de santificación, en un mundo que necesita urgentemente volver a lo sagrado y lo trascendente.

Capítulo 1: El silencio como preludio de la música y de la fe

En la tradición católica, el silencio ha sido considerado un espacio propicio para la contemplación, la escucha profunda y el encuentro con lo trascendente. No es una ausencia vacía, sino un acto de apertura a lo divino. Benedicto XVI, en sus múltiples reflexiones sobre la liturgia y la espiritualidad, ha enfatizado el papel del silencio como medio para disponernos al misterio de Dios. Así como la música emerge del silencio, la fe se fortalece en esos momentos de recogimiento donde Dios se hace presente en el alma que escucha.

En la educación musical, especialmente en la formación de los niños, el silencio no es menos importante que el sonido. Los momentos de pausa, los intervalos de espera entre una nota y otra enseñan a los estudiantes el valor de la atención, de la espera paciente y de la receptividad. La música no es simplemente la organización de sonidos, sino también la gestión de los espacios vacíos, los silencios que otorgan sentido a la melodía.

Este principio tiene un paralelo profundo en la vida de fe. Como Benedicto XVI señaló en varias de sus homilías y escritos, el creyente no puede acercarse a Dios si no es capaz de hacer silencio en su corazón. En una cultura que a menudo promueve el ruido, la prisa y la distracción, el silencio se convierte en un acto contracultural, una forma de resistencia espiritual. Pero no es un silencio cualquiera, es un silencio lleno de expectativa, un silencio que se ofrece a Dios como una ofrenda, en espera de que Él hable.

El Papa Benedicto XVI, en su magisterio, insistió en que la liturgia debe ser un espacio donde el silencio permita que los fieles se encuentren con el misterio de Cristo. La música sacra, que tiene un lugar privilegiado en la liturgia católica, debe surgir de esa misma actitud de recogimiento. En la celebración eucarística, por ejemplo, los momentos de silencio no son un mero descanso entre las palabras o los cantos, sino momentos de adoración, de unión íntima con el Creador. La música litúrgica, cuando es verdaderamente sagrada, brota de ese silencio y lleva a la comunidad hacia la adoración.

De manera similar, en la educación musical, enseñar a los niños a valorar el silencio es también enseñarles a abrirse a una realidad más grande que ellos mismos. Les permite descubrir la belleza que surge cuando los sonidos y los silencios se entrelazan, como en una danza, creando algo que va más allá de la suma de sus partes. El silencio les enseña a escuchar con el corazón, a percibir no solo con los oídos, sino con todo su ser.

En la Educación Primaria, donde los niños están en una etapa formativa tanto de su sensibilidad artística como espiritual, es vital que el maestro de música no solo enseñe a tocar instrumentos o a cantar melodías, sino que también los guíe hacia esa experiencia del silencio. Esto requiere una disposición del propio maestro a cultivar el silencio interior, una práctica que es tanto pedagógica como espiritual.

Por lo tanto, tanto en la música como en la fe, el silencio se convierte en una forma de oración, una apertura a lo divino. En la música, el silencio no es simplemente una ausencia de sonido, sino un elemento que estructura y da sentido a la totalidad. En la vida de fe, el silencio es el espacio donde Dios se revela, donde el alma puede escuchar su susurro.

Este enfoque, profundamente arraigado en la teología de Benedicto XVI, nos invita a reconsiderar la importancia del silencio en nuestras vidas, tanto en la música como en nuestra relación con Dios. En la Educación Primaria, especialmente en un contexto católico, el silencio no debe verse como un castigo o una imposición, sino como una oportunidad para el crecimiento espiritual y artístico. Es una forma de enseñar a los niños a estar en presencia de algo más grande que ellos mismos, algo que no pueden controlar ni manipular, pero a lo que pueden abrirse con humildad y asombro.

La relación entre el silencio y la música es, por tanto, una dimensión esencial que revela una realidad más profunda. Así como el silencio precede y enmarca a la música, en el ámbito espiritual, el silencio precede la Palabra de Dios. De hecho, en la liturgia católica, esta analogía se vuelve explícita cuando, después de la proclamación de la Palabra en las lecturas, se invita a un tiempo de reflexión silenciosa. Este silencio, lejos de ser un mero intervalo entre las acciones rituales, tiene la finalidad de permitir que la Palabra de Dios sea interiorizada, que resuene en lo más íntimo del corazón.

Benedicto XVI subrayó que este silencio es un espacio privilegiado para el encuentro personal con Cristo. No es simplemente la ausencia de ruido externo, sino la disposición del alma para escuchar la voz de Dios. Tal disposición es análoga a la preparación que un músico requiere para ejecutar una obra: no basta con conocer las notas, es necesario que el intérprete interiorice la pieza, que esté en sintonía con la estructura y el sentido profundo de la obra. De la misma manera, el cristiano no puede simplemente leer o escuchar la Escritura sin detenerse en el silencio para permitir que la Palabra cobre vida en su interior.

Esta noción tiene implicaciones pedagógicas significativas en la Educación Primaria. Al educar a los niños en el arte de la música, no solo se les enseña técnica, ritmo o melodía, sino que se les introduce a un modo de ser y de relacionarse con el mundo que va más allá de lo audible. Se les enseña a comprender que el verdadero arte musical, al igual que la auténtica vida espiritual, implica momentos de silencio, de pausa, de escucha activa. Aquí es donde los educadores católicos tienen una tarea única: unir el desarrollo musical con una formación en la vida interior, ayudando a los niños a descubrir que la música, en su relación con el silencio, es también una forma de oración.

La música en la liturgia tiene una finalidad similar. No es meramente estética, ni se trata solo de embellecer el rito. Como lo señaló Benedicto XVI, la música sacra está orientada a elevar el alma hacia Dios, a llevar a los fieles a la contemplación del misterio. Esto solo es posible cuando tanto los músicos como los fieles comprenden la importancia del silencio en la liturgia. Un silencio que no es una ruptura con el canto, sino su complemento. El silencio permite que la música se convierta en un medio para la adoración, y no en un fin en sí misma.

Desde esta perspectiva, la formación musical en la infancia debe ser vista también como una preparación para la vida litúrgica. Enseñar a los niños a hacer música es, en cierto sentido, enseñarles a orar, a prestar atención a lo trascendente. Las pausas, los momentos de espera, son oportunidades para que los niños aprendan que no todo lo que tiene valor es inmediato o audible. El silencio musical les enseña a descubrir la presencia de lo invisible, una lección que también es válida para su vida de fe.

Es aquí donde el enfoque teológico de Benedicto XVI adquiere una relevancia especial. En su obra, a menudo destacó la importancia de la belleza como un camino hacia Dios. Para él, la música, cuando está al servicio de la liturgia, no solo embellece la celebración, sino que hace visible la gloria de Dios. Pero esta belleza solo puede ser comprendida en su totalidad cuando está enmarcada por el silencio, cuando la música no se impone, sino que nace de una contemplación silenciosa de lo sagrado.

En la práctica pedagógica, esto significa que el maestro de música católico tiene la responsabilidad no solo de formar técnicamente a sus alumnos, sino también de guiarlos hacia una comprensión más profunda de lo que están haciendo. Cada ejercicio de respiración, cada pausa en una partitura puede convertirse en una oportunidad para reflexionar sobre el valor del silencio en su vida personal y espiritual. Así, la educación musical se convierte en una formación integral, donde el arte y la fe se entrelazan, y el silencio se convierte en el puente que conecta ambas dimensiones.

En este sentido, Monseñor Athanasius Schneider ha hecho énfasis en la necesidad de redescubrir el sentido del asombro y la reverencia en la liturgia, elementos que están profundamente ligados al silencio. Aunque sus escritos son más discretos en cuanto a la música en sí misma, su enfoque sobre la necesidad de un ambiente reverente y contemplativo resuena profundamente con las enseñanzas de Benedicto XVI. Ambos coinciden en que el silencio es un medio necesario para adentrarse en el misterio de Dios, tanto en la liturgia como en la vida cotidiana.

Al enseñar música desde una perspectiva católica, el maestro también tiene la posibilidad de enseñar a los niños a escuchar no solo los sonidos externos, sino también la voz de Dios en sus corazones. Esta es una lección que va más allá de la música y que tiene el potencial de formar almas capaces de reconocer la presencia de Dios en medio del ruido y el caos del mundo moderno. En última instancia, la música en la Educación Primaria, cuando está impregnada de una visión católica, se convierte en una herramienta no solo para la formación artística, sino también para la evangelización y el crecimiento espiritual.

Así, el silencio, tanto en la música como en la fe, es una realidad que prepara el corazón para algo más grande, para una experiencia que trasciende lo audible o lo visible. El silencio es donde Dios actúa, donde la música cobra su verdadero sentido, y donde el alma se encuentra con su Creador.

El silencio, como hemos visto, es un componente esencial tanto en la música como en la vida espiritual. Sin embargo, no es un simple vacío. Para los católicos, el silencio es la antesala de la Palabra, el espacio en el que el alma se prepara para recibir la gracia de Dios. Este principio tiene una profunda resonancia con la educación musical en la infancia, donde el silencio no es solo un elemento técnico, sino un principio formativo. En la música, el silencio delimita el sonido, lo estructura y le otorga su belleza; en la fe, el silencio es el terreno fértil donde florece la contemplación y el encuentro con lo divino.

Benedicto XVI, en su vasta obra teológica, resalta que el silencio no es meramente una pausa en el flujo de los acontecimientos litúrgicos, sino un componente activo en el diálogo entre Dios y el hombre. En sus reflexiones sobre la liturgia, el Santo Padre subrayaba que solo en el silencio puede la Palabra ser verdaderamente escuchada y acogida en su plenitud. Esta visión tiene implicaciones no solo para la liturgia, sino también para la educación en general, y de manera especial para la formación musical en entornos católicos.

En el aula de música, el maestro tiene la posibilidad de guiar a los niños no solo en la ejecución técnica de una pieza, sino en la comprensión de lo que implica el silencio como parte integral de la obra. Cada pausa en la música, cada instante de quietud, es una oportunidad para que los estudiantes aprendan a escuchar con mayor profundidad, a desarrollar una sensibilidad que trasciende lo meramente auditivo. Este es el tipo de escucha que Benedicto XVI describía como esencial para la vida de fe: una escucha que no solo capta sonidos, sino que es capaz de percibir el susurro del Espíritu en medio del bullicio del mundo.

Para los niños en la Educación Primaria, esta capacidad de hacer silencio y escuchar puede ser transformadora. En una sociedad que tiende a llenarlo todo de ruido, enseñar a los niños a valorar el silencio es también enseñarles a apreciar la belleza y el misterio de la vida. La música, en este sentido, se convierte en un vehículo privilegiado para cultivar esta sensibilidad. A través de la práctica musical, los niños aprenden a esperar, a ser pacientes, a estar atentos a los detalles que, de otro modo, pasarían desapercibidos. Este es un aprendizaje que tiene un profundo eco en su vida espiritual.

En la música litúrgica, como en la vida espiritual, el silencio es el medio por el cual Dios se comunica de manera más directa. Así, los niños que son educados en una comprensión profunda del silencio musical están, de manera indirecta, siendo formados también en la capacidad de escuchar la voz de Dios.

El silencio en la liturgia es un reflejo del silencio en la vida interior. En la tradición católica, este silencio interior es la clave para una vida espiritual fructífera. La música, especialmente en su dimensión litúrgica, nos enseña a acoger ese silencio y a reconocerlo como un espacio donde Dios actúa. Benedicto XVI, en sus reflexiones sobre la música sacra, insistía en que esta debe siempre estar al servicio de la oración, no como un mero acompañamiento, sino como una expresión viva de la alabanza a Dios. Sin embargo, para que la música cumpla con esta función, debe surgir del silencio, de ese espacio de recogimiento donde el alma se abre a lo divino.

En la educación musical en la infancia, este enfoque nos lleva a valorar la importancia de enseñar a los niños no solo a tocar o cantar, sino a hacer silencio, a escuchar y a esperar. La espera, en este contexto, no es pasiva, sino activa. Es una espera que implica atención y disposición, una espera que es, en sí misma, una forma de oración. Los niños, al aprender a esperar en el silencio, están siendo formados en una virtud que será esencial para su vida de fe: la paciencia.

Esta paciencia, tan fundamental para la vida cristiana, es también un elemento clave en la formación musical. Los grandes músicos no solo son aquellos que dominan su instrumento, sino aquellos que saben esperar, que entienden que la música es más que la suma de sus partes. Del mismo modo, los grandes santos no son aquellos que siempre están hablando o actuando, sino aquellos que saben cuándo callar y esperar en el Señor.

Benedicto XVI nos recordó que la liturgia, como la música, es una escuela de paciencia. En la liturgia, el fiel aprende a esperar el momento oportuno, a dejar que el misterio de Dios se despliegue en su tiempo. En la música, el silencio entre las notas es una lección de esta misma paciencia. El músico, al igual que el cristiano, debe aprender a respetar los tiempos, a reconocer que no todo depende de su acción, sino que hay momentos en los que es necesario detenerse y escuchar.

En este sentido, la educación musical desde una perspectiva católica ofrece una oportunidad única para formar a los niños no solo en el arte, sino también en las virtudes cristianas. La paciencia, la atención, la reverencia, son todas virtudes que se cultivan en el aula de música cuando se enseña a los niños a respetar el silencio y a escuchar con el corazón.

El silencio, entonces, no es simplemente una pausa entre los sonidos, sino un principio formativo que estructura tanto la música como la vida espiritual. Al enseñar a los niños a hacer silencio, les estamos enseñando a abrirse a la trascendencia, a estar atentos a la voz de Dios en medio del ruido del mundo. Este es, en última instancia, el gran regalo que la música puede ofrecer en la educación católica: la capacidad de escuchar más allá de lo audible, de percibir lo invisible y de reconocer la presencia de Dios en lo cotidiano.

Esta profunda integración entre música, silencio y espiritualidad tiene, además, un impacto crucial en la manera en que concebimos la formación de los más jóvenes dentro del contexto de la Educación Primaria. El acto de enseñar música desde el catolicismo se transforma en algo mucho más amplio que simplemente impartir habilidades técnicas. El proceso se convierte en una oportunidad para inculcar valores espirituales que son esenciales para la vida cristiana. El silencio en la música, tal como se ha explorado en este capítulo, se presenta como una metáfora de la preparación interior necesaria para acoger la gracia divina, y los educadores tienen el reto y el privilegio de enseñar esta verdad a los niños a través del arte musical.

Desde la teología de Benedicto XVI, comprendemos que el silencio es una condición esencial para escuchar a Dios. Esto resuena con la misma importancia en la música. En su exhortación apostólica *Sacramentum Caritatis*, Benedicto XVI señala que la liturgia debe ser un espacio donde el silencio permita a los fieles asimilar la Palabra de Dios. Este principio puede aplicarse también a la formación musical: los estudiantes no deben ser entrenados solamente para emitir sonidos, sino también para valorar los momentos de pausa, para aprender que a través del silencio se manifiesta la verdadera belleza del arte musical, del mismo modo que en la vida de fe, el silencio permite que el alma escuche la voz de Dios.

La enseñanza de esta verdad no es solo una cuestión técnica, sino también una cuestión filosófica y espiritual. En el contexto de la educación musical, los niños deben aprender a distinguir entre el ruido y el sonido, entre el parloteo vacío y la expresión significativa. Del mismo modo, en la vida espiritual, deben aprender a distinguir entre el ruido del mundo y la voz de Dios que habla en el silencio del corazón. Esta capacidad de discernimiento se cultiva a través de una enseñanza musical que da prioridad a la contemplación, a la espera paciente y al reconocimiento del valor del silencio.

En la educación de los niños, enseñar esta conexión entre el silencio y la música puede ser una herramienta valiosa para ayudarlos a desarrollar una sensibilidad hacia lo trascendente. A través de la música, se les puede enseñar a cultivar una actitud de respeto y asombro, no solo hacia la obra de arte en sí, sino también hacia la presencia de Dios en sus vidas. Cuando se enseña a los niños a valorar el silencio en la música, se les está enseñando, al mismo tiempo, a buscar ese silencio en sus corazones, a descubrir la importancia de la oración silenciosa y de la meditación en su relación con Dios.

Es fundamental, por tanto, que la educación musical católica no se limite a enseñar las reglas de la armonía o el manejo de un instrumento, sino que también se convierta en un medio para introducir a los niños en el misterio de la fe. El silencio es, en este contexto, una clave pedagógica que conecta tanto el arte musical como la vida espiritual, y es tarea del maestro guiar a sus estudiantes hacia esta comprensión más profunda.

Benedicto XVI destacó en numerosas ocasiones que la belleza tiene un poder evangelizador. En su reflexión sobre el papel de la belleza en la liturgia, insistía en que la música sacra tiene la capacidad de llevarnos a un encuentro más profundo con Dios precisamente porque, al igual que el silencio, trasciende lo puramente material. La música, en su esencia, es algo que toca el alma de una manera que las palabras no siempre pueden hacer. Sin embargo, este poder solo se manifiesta plenamente cuando la música está enraizada en el silencio. Este es un principio que los maestros de música deben transmitir a sus alumnos: que la belleza de la música no reside simplemente en el sonido, sino en la tensión entre el sonido y el silencio, en la apertura al misterio que ambos revelan.

En la vida espiritual, esta tensión entre sonido y silencio es un reflejo de nuestra propia relación con Dios. Hay momentos en los que Dios nos habla claramente, a través de su Palabra, a través de los sacramentos, a través de la oración. Pero también hay momentos en los que parece guardar silencio, en los que debemos aprender a esperar en la quietud, confiando en que su presencia sigue siendo real, aunque no siempre la sintamos de manera inmediata. De la misma manera, en la música, el silencio entre las notas no es ausencia, sino preparación para algo mayor. Es una espera activa, un tiempo de expectativa que otorga sentido y profundidad a la música.

Este es el tipo de lecciones que deben integrarse en la educación musical católica. Los niños, al aprender a tocar un instrumento o a cantar, están, al mismo tiempo, siendo formados en el arte de la espera, en la capacidad de confiar en lo que no siempre es evidente. La música, cuando está bien enseñada, se convierte en una escuela de virtudes cristianas: paciencia, atención, reverencia y apertura a lo trascendente. Y el silencio es la clave que une todo esto, tanto en el arte como en la fe.

Para concluir este primer capítulo, es importante subrayar que el silencio no es una negación de la música, sino su condición de posibilidad. Del mismo modo, en la vida espiritual, el silencio no es una ausencia de Dios, sino el espacio donde podemos escucharlo con mayor claridad. Al enseñar a los niños a valorar el silencio en la música, les estamos enseñando, al mismo tiempo, a valorar el silencio en su relación con Dios. Este es el gran desafío y la gran oportunidad que tiene la educación musical católica: ser un puente entre lo audible y lo inaudible, entre lo visible y lo invisible, entre la música y el misterio de la fe.

Capítulo 2: La música como lenguaje universal del alma

La música ha sido reconocida a lo largo de la historia como un lenguaje que trasciende las palabras. A través de melodías, armonías y ritmos, los seres humanos expresan lo más profundo de su ser, comunicando emociones, pensamientos y experiencias que a veces no pueden ser verbalizadas. En este sentido, la música no es solo un arte o una técnica, sino un lenguaje universal que une a las personas más allá de las barreras culturales, geográficas o incluso lingüísticas. Desde una perspectiva católica, este carácter universal de la música también tiene un trasfondo espiritual: la música se convierte en una vía para conectar el alma humana con lo trascendente, con lo divino.

Para los niños en la etapa primaria, el descubrimiento de la música como un medio de expresión y comunicación abre nuevas posibilidades para su desarrollo personal y espiritual. A través de la música, los niños pueden aprender a expresar sus sentimientos, a compartir sus experiencias con los demás y a entrar en contacto con la belleza de la creación. Esto es particularmente importante en un contexto educativo que valora la formación integral de la persona, no solo en términos académicos, sino también en términos espirituales y emocionales.

En el ámbito de la Educación Primaria, la música puede ser una herramienta poderosa para enseñar a los niños no solo habilidades técnicas o intelectuales, sino también valores como la empatía, la solidaridad y la capacidad de escuchar al otro. Cuando los niños aprenden a tocar un instrumento o a cantar en un coro, están aprendiendo a escuchar a sus compañeros, a ajustar su propio sonido para que armonice con el de los demás, a seguir un ritmo común. En resumen, están aprendiendo a trabajar juntos, a construir algo hermoso en comunidad. Este aprendizaje musical refleja, de manera simbólica, lo que también sucede en la vida de fe: la comunidad cristiana es llamada a vivir en armonía, a unirse en la alabanza a Dios, a caminar juntos hacia un fin común.

Pero la música no solo une a las personas entre sí; también une al individuo con lo divino. Desde tiempos inmemoriales, la música ha sido considerada un medio privilegiado para entrar en contacto con lo sagrado. En la tradición católica, los cantos litúrgicos y la música sacra han sido herramientas poderosas para elevar el alma hacia Dios, para expresar el misterio de la fe de una manera que las palabras no siempre pueden lograr. Para los niños, participar en la música litúrgica no es solo un ejercicio artístico, sino también una experiencia espiritual que les ayuda a descubrir una dimensión más profunda de su fe.

Es en este contexto donde la música revela su verdadero poder formativo. Más allá de los beneficios cognitivos que se asocian con la práctica musical, como la mejora de la memoria, la atención y la coordinación motora, la música tiene un impacto profundo en la vida espiritual de los niños. Les enseña a abrir su corazón a la belleza, a reconocer que hay una realidad más allá de lo material, y a descubrir la presencia de Dios en la armonía de los sonidos y los silencios. Esta dimensión espiritual de la música es especialmente relevante en una educación católica, donde el objetivo último es formar a los niños no solo como ciudadanos responsables, sino como personas de fe que viven en comunión con Dios y con los demás.

Por lo tanto, la enseñanza de la música en la Educación Primaria no puede limitarse a la adquisición de habilidades técnicas o al aprendizaje de repertorios. Debe ir más allá, integrando la música en el proceso de formación espiritual y humana de los estudiantes. En este sentido, el maestro de música tiene una tarea especialmente importante: no solo debe enseñar a sus alumnos a tocar o a cantar, sino también a escuchar, a sentir, a contemplar. La música se convierte así en un medio para despertar la sensibilidad espiritual de los niños, para abrirles los ojos a la belleza del mundo y para ayudarles a descubrir que esa belleza es un reflejo de la bondad y el amor de Dios.

Es fundamental que los niños aprendan desde temprana edad que la música no es solo un entretenimiento o una actividad curricular, sino una forma de comunicación que toca lo más profundo del ser humano. A través de la música, los niños pueden aprender a expresarse, a conectarse con los demás y a descubrir una dimensión espiritual que les ayudará a crecer como personas y como creyentes. Esta es una de las razones por las que la música tiene un lugar tan importante en la tradición católica, especialmente en el contexto litúrgico. A través del canto y de la música sacra, la comunidad cristiana eleva su corazón hacia Dios, expresando su fe de una manera que las palabras no siempre pueden lograr.

La música en la Educación Primaria no es solo una disciplina artística, sino una herramienta formativa que puede tener un impacto profundo en la vida de los niños. A través de la música, los niños pueden aprender a valorar la belleza, a trabajar en comunidad, a expresar sus emociones y a conectarse con lo divino. En una educación católica, la música tiene el potencial de ser un medio para despertar la fe, para cultivar una vida espiritual rica y para preparar a los niños para una vida en comunión con Dios y con los demás.

Una de las características más poderosas de la música es su capacidad para generar un impacto emocional profundo y duradero en quienes la escuchan o la interpretan. Esta capacidad de la música para tocar el alma de manera tan íntima se debe, en gran parte, a su naturaleza trascendental. No solo se percibe a través de los sentidos, sino que también actúa sobre nuestro ser interior, evocando sentimientos de alegría, paz, nostalgia o incluso una sensación de asombro ante el misterio de la existencia. Desde la perspectiva de la educación musical católica, esta facultad de la música es una herramienta invaluable para acercar a los niños a la experiencia de lo sagrado.

A medida que los estudiantes experimentan la música en sus diversas formas, ya sea a través del canto, la interpretación de un instrumento o la escucha activa, también están experimentando una dimensión de la vida espiritual. No es casualidad que muchos santos y teólogos hayan hablado sobre la capacidad de la música para acercarnos a Dios. Esto se debe a que la música, en su esencia, trasciende lo mundano y nos invita a elevarnos hacia una realidad superior. Este es un mensaje crucial que puede ser transmitido a los niños desde una edad temprana, ayudándoles a ver la música no solo como una actividad artística, sino como una vía hacia lo trascendente.

En el contexto de la Educación Primaria, donde los niños están comenzando a formar su identidad y su comprensión del mundo, la música puede servir como un medio para enseñarles a estar en sintonía con su vida interior. Les enseña a detenerse y escuchar, tanto a los sonidos externos como a las resonancias internas de sus corazones. Esta capacidad de escuchar con atención, de estar presentes en el momento, es fundamental no solo para el desarrollo musical, sino también para el desarrollo espiritual. En la vida cristiana, aprender a escuchar la voz de Dios es una habilidad esencial, y la música puede ser un excelente entrenamiento para este tipo de escucha espiritual.

Además, la música en la Educación Primaria puede desempeñar un papel formativo en la manera en que los niños perciben y experimentan el tiempo. En una sociedad cada vez más apresurada y orientada hacia la inmediatez, la música ofrece una oportunidad única para enseñar a los niños el valor de la paciencia, la espera y la anticipación. La música tiene un ritmo, un tempo, que requiere que los intérpretes y los oyentes aprendan a seguir el flujo del tiempo, a esperar el momento adecuado para cada nota, para cada pausa. Este sentido del tiempo musical puede ser una metáfora de la vida espiritual, donde también debemos aprender a esperar en Dios, a confiar en su tiempo y en su plan para nuestras vidas.

El maestro de música, entonces, tiene la oportunidad de ser no solo un educador en el sentido técnico, sino también un formador espiritual que guía a los niños en el descubrimiento de la belleza, la paciencia y la contemplación. Al enseñar a los niños a tocar un instrumento, a cantar en un coro o a apreciar una obra musical, el maestro está, al mismo tiempo, enseñándoles a abrir su corazón a lo que es bueno, verdadero y hermoso. Les está ayudando a cultivar una sensibilidad hacia la belleza que les será útil no solo en su vida artística, sino también en su vida de fe.

El papel de la música en la formación espiritual no se limita al ámbito litúrgico, aunque ciertamente encuentra una de sus expresiones más sublimes en la música sacra. En la vida diaria de los niños, la música puede ser una compañera constante que les ayuda a encontrar momentos de paz, de reflexión y de conexión con lo divino. Escuchar una melodía que les inspire, cantar una canción que les recuerde el amor de Dios o simplemente experimentar la armonía de una obra musical puede ser una manera de mantener viva su relación con lo trascendente. A través de la música, los niños pueden aprender que lo divino no está lejos, sino que se manifiesta en las cosas simples y cotidianas de la vida, como el sonido de una nota bien tocada o el silencio que sigue a una frase musical.

Este enfoque filosófico y espiritual de la música en la Educación Primaria no excluye la importancia de la técnica y el conocimiento musical, pero lo coloca en un contexto más amplio, donde el objetivo final es formar no solo músicos competentes, sino personas completas, sensibles a la belleza y abiertas a la presencia de Dios en sus vidas. La educación musical en un contexto católico debe tener como meta final esta formación integral, donde la técnica musical esté al servicio de algo más grande: la experiencia de lo sagrado y la construcción de una vida en comunión con Dios.

Por tanto, el desafío para los educadores es integrar estos aspectos en su enseñanza diaria. En lugar de ver la música como un fin en sí mismo, deben verla como un medio para ayudar a los niños a descubrir la verdad, la bondad y la belleza que Dios ha impreso en la creación. La música, cuando se enseña con este propósito en mente, se convierte en una herramienta pedagógica poderosísima para la evangelización y la formación espiritual. Los niños que aprenden a tocar un instrumento o a cantar no solo están adquiriendo habilidades artísticas, sino que también están siendo formados en las virtudes cristianas, como la paciencia, la escucha y la humildad.

La música tiene un poder único para tocar el alma y para revelar la presencia de Dios en nuestras vidas. En la Educación Primaria, la música puede ser una herramienta pedagógica fundamental para ayudar a los niños a crecer no solo como artistas, sino como personas de fe. A través de la música, los niños pueden aprender a escuchar, a esperar, a contemplar y a descubrir la belleza de Dios en el mundo que les rodea. Y este es el verdadero objetivo de una educación musical católica: formar a los niños no solo como músicos, sino como seres humanos abiertos al misterio de lo divino.

Además de su capacidad para tocar el alma, la música posee una profunda conexión con el silencio. Aunque pudiera parecer paradójico, el silencio es un componente esencial de la música. Sin los momentos de pausa, sin los espacios de quietud entre notas, la música perdería su estructura, su ritmo, su armonía. En este sentido, el silencio no es simplemente la ausencia de sonido, sino una parte integral de la música que permite que los sonidos cobren significado. Esta relación entre música y silencio tiene un eco en la vida espiritual, donde el silencio es también esencial para escuchar la voz de Dios.

En un mundo tan saturado de ruido y estímulos constantes, enseñar a los niños el valor del silencio es un acto vital. La música, con sus pausas y momentos de quietud, puede ser una excelente manera de introducir a los niños a esta realidad. Al aprender a reconocer la importancia del silencio en la música, los niños también pueden aprender a valorarlo en su vida diaria. Pueden descubrir que el silencio no es algo que debe evitarse o llenarse con distracciones, sino un espacio valioso para la reflexión, la contemplación y el encuentro con uno mismo y con Dios.

Desde una perspectiva educativa, es crucial que los maestros ayuden a los niños a desarrollar una actitud de aprecio por el silencio, especialmente en un contexto de fe. En la tradición católica, el silencio tiene un lugar privilegiado en la vida de oración y en la liturgia. Es en el silencio donde el creyente puede escuchar la voz de Dios, meditar sobre su Palabra y entrar en un diálogo profundo con Él. Del mismo modo, en la música, los momentos de silencio permiten que las notas resuenen con más fuerza, que las melodías se asienten en el alma y que los músicos y oyentes encuentren un espacio para la contemplación.

Este aspecto contemplativo de la música es algo que puede y debe cultivarse en la educación musical desde una edad temprana. Los niños pueden aprender a apreciar no solo los sonidos, sino también los silencios que les permiten darle significado a esos sonidos. En la ejecución de una pieza musical, el silencio no es un momento de inactividad, sino una pausa activa, cargada de significado. Es un momento de espera, de preparación, de anticipación. De manera similar, en la vida espiritual, el silencio es un momento en el que nos preparamos para escuchar, en el que abrimos el corazón para recibir lo que Dios quiere decirnos.

La capacidad de encontrar a Dios en el silencio es una habilidad que debe desarrollarse y cultivarse a lo largo de la vida, y la música puede ser un excelente punto de partida para los niños. En lugar de ver el silencio como algo incómodo o vacío, los niños pueden aprender a valorarlo como un espacio sagrado, un lugar donde la presencia de Dios puede ser sentida de manera más clara y directa. Este aprendizaje puede tener un impacto duradero en su vida de fe, ayudándoles a desarrollar una relación más profunda y personal con Dios.

En el contexto de la Educación Primaria, es fundamental que los maestros enseñen a los niños no solo a hacer música, sino también a escucharla de manera atenta y reflexiva. Esto implica enseñarles a estar presentes en el momento, a ser conscientes no solo de los sonidos que escuchan, sino también de los silencios que los rodean. En un coro, por ejemplo, los niños deben aprender a respetar los silencios, a esperar el momento adecuado para cantar, a escuchar la respiración de sus compañeros y a coordinarse para que la armonía sea perfecta. Este tipo de escucha atenta y reflexiva es una habilidad valiosa no solo en la música, sino también en la vida espiritual.

La relación entre música y silencio nos lleva a reflexionar sobre la importancia de la contemplación en la vida cristiana. En un mundo que valora la acción, la productividad y la eficiencia, la contemplación es a menudo vista como una pérdida de tiempo. Sin embargo, en la tradición católica, la contemplación es una de las formas más elevadas de oración, porque nos permite entrar en un contacto profundo y amoroso con Dios. De la misma manera que el silencio en la música no es vacío, sino lleno de significado, el tiempo que dedicamos a la contemplación no es tiempo perdido, sino un tiempo valioso en el que nuestra alma puede descansar en Dios y ser renovada.

Por tanto, la música puede ser vista como una escuela de contemplación para los niños. Al aprender a tocar un instrumento, a cantar en un coro o a escuchar una obra musical, los niños están siendo formados en la paciencia, en la espera, en la atención. Están aprendiendo a estar presentes en el momento, a escuchar con el corazón y a valorar los momentos de silencio tanto como los momentos de sonido. Esta formación musical puede tener un impacto profundo en su vida espiritual, ayudándoles a desarrollar una relación más profunda y personal con Dios, basada no solo en la acción, sino también en la contemplación.

La música y el silencio, en su relación inseparable, nos enseñan una lección importante sobre la vida cristiana: que a veces, para escuchar la voz de Dios, debemos aprender a callar, a detenernos, a hacer una pausa en el ruido de nuestra vida diaria. El silencio no es una ausencia, sino una presencia. Es un espacio en el que Dios puede hablarnos de manera más clara y en el que nuestra alma puede encontrar descanso. Al enseñar a los niños a valorar tanto la música como el silencio, estamos ayudándoles a desarrollar una vida espiritual más rica y profunda, una vida en la que pueden encontrar a Dios no solo en las palabras y las acciones, sino también en los momentos de quietud y contemplación.

La relación entre música y silencio, además de reflejar un aspecto espiritual esencial, también tiene implicaciones pedagógicas profundas en el desarrollo de la atención y la concentración de los niños. La capacidad de un niño para apreciar los matices del silencio dentro de una composición musical no solo enriquece su experiencia estética, sino que también cultiva en él una actitud de escucha atenta y respetuosa hacia los demás. En un aula donde la música y el silencio son valorados por igual, los niños aprenden a reconocer que el aprendizaje no siempre está en lo que se dice o se hace, sino también en lo que se omite, en los espacios que se dejan para que los demás puedan expresarse.

Este tipo de aprendizaje no verbal tiene un paralelo directo en la vida cristiana. De la misma manera que un niño aprende a respetar el silencio en la música para permitir que la belleza de una composición emerja con mayor claridad, también debe aprender a respetar los silencios en la oración y en la vida cotidiana. El respeto por los silencios en una conversación, en una relación o en un momento de adoración es un reflejo del respeto por la presencia del otro, y en última instancia, por la presencia de Dios.

Este sentido de reverencia y respeto, que se cultiva a través de la práctica musical, es también una parte fundamental de la vida litúrgica de la Iglesia. En la liturgia, los momentos de silencio no son interrupciones, sino pausas sagradas que permiten a la comunidad reunida reflexionar sobre los misterios que están celebrando. Del mismo modo, en la música sacra, los silencios son tan importantes como las notas, ya que permiten a la congregación absorber el mensaje espiritual que se está transmitiendo. Enseñar a los niños a valorar estos momentos de pausa y reflexión es una manera de prepararles para participar plenamente en la vida litúrgica de la Iglesia.

En términos pedagógicos, la introducción del silencio en el aula de música también ofrece una oportunidad para enseñar a los niños el autocontrol y la autodisciplina. La ejecución de una obra musical requiere no solo la habilidad técnica, sino también la capacidad de esperar pacientemente, de seguir el tempo y de ajustarse al ritmo general del grupo. Esto implica un grado de autocontrol que puede ser difícil de desarrollar en otros contextos educativos, pero que es fundamental para el crecimiento personal y espiritual. En la música, como en la vida, hay momentos en los que debemos esperar, momentos en los que debemos escuchar, y momentos en los que debemos actuar. La capacidad de discernir estos momentos y de actuar en consecuencia es una habilidad valiosa no solo en la música, sino en todas las áreas de la vida.

Por otro lado, el silencio también tiene un papel importante en el desarrollo de la creatividad. A menudo, es en los momentos de silencio donde las ideas más profundas y originales surgen. Los grandes compositores a lo largo de la historia han sabido aprovechar el poder del silencio para dar forma a sus obras, permitiendo que las pausas entre las notas añadan un nivel de significado que las palabras o los sonidos por sí solos no pueden transmitir. En la educación musical, el silencio puede ser un espacio en el que los niños exploren su propia creatividad, descubriendo nuevas formas de expresarse a través de la música. Al igual que en la vida espiritual, donde el silencio es un lugar donde podemos escuchar la voz de Dios, en la música, el silencio es un lugar donde los niños pueden escuchar la voz de su propia creatividad.

Este enfoque creativo del silencio y la música es especialmente relevante en un contexto educativo católico, donde la creatividad es vista como un don de Dios, una participación en su acto creador. Al enseñar a los niños a utilizar el silencio como una herramienta creativa en la música, estamos ayudándoles a descubrir su propia capacidad para participar en el acto creador de Dios, a través de la belleza y el arte. Este es un mensaje profundo que puede tener un impacto duradero en su vida espiritual, ayudándoles a ver la música no solo como una actividad artística, sino como una forma de oración y alabanza.

En resumen, la música y el silencio están intrínsecamente entrelazados tanto en la experiencia musical como en la vida espiritual. La capacidad de los niños para comprender y apreciar esta relación puede tener un impacto significativo en su desarrollo personal, espiritual y creativo. Al enseñar a los niños a escuchar, a esperar, a respetar el silencio y a utilizarlo como una herramienta para la creatividad, estamos ayudándoles a cultivar virtudes esenciales para la vida cristiana, como la paciencia, el respeto, la humildad y la apertura a la presencia de Dios. En este sentido, la educación musical no es solo una formación artística, sino también una formación espiritual, que prepara a los niños para vivir una vida en comunión con lo divino.

La música, en su conexión con el silencio, se convierte así en un reflejo de la vida cristiana misma, donde el equilibrio entre la acción y la contemplación, entre el sonido y el silencio, es esencial para una vida espiritual plena. Al enseñar a los niños a participar en este equilibrio a través de la música, estamos no solo formando a futuros músicos, sino también a futuros santos, capaces de reconocer la presencia de Dios tanto en el ruido como en la quietud de sus vidas.

La música, con su capacidad de unir lo sensorial y lo espiritual, es una herramienta extraordinaria en la formación de la sensibilidad religiosa y ética de los niños. En el contexto de la Educación Primaria, los maestros no solo están llamados a enseñar las habilidades técnicas necesarias para la ejecución musical, sino también a utilizar la música como un medio para cultivar valores profundos. La música puede abrir la puerta a una reflexión sobre la belleza, el bien y la verdad, conceptos fundamentales en la tradición católica que encuentran eco en la armonía musical.

Desde un punto de vista filosófico, la música tiene el poder de hacer presente lo trascendente en la vida cotidiana. En su capacidad para evocar emociones profundas, la música invita a los niños a ir más allá de lo material y a abrirse a una dimensión más elevada de la realidad. Este poder trascendental de la música puede ser aprovechado en el aula para ayudar a los niños a desarrollar una sensibilidad hacia lo sagrado, permitiéndoles experimentar lo divino a través de una obra musical. A través de esta experiencia, los niños no solo aprenden sobre música, sino que también aprenden sobre la existencia de una realidad espiritual que da sentido y propósito a sus vidas.

La conexión entre la música y lo sagrado es algo que se puede observar en muchas culturas a lo largo de la historia, pero en la tradición católica, esta relación alcanza una profundidad particular. La música ha sido, desde los primeros siglos del cristianismo, un medio privilegiado para la alabanza y la adoración. En la liturgia, la música sacra no solo embellece la celebración, sino que eleva las almas de los fieles, ayudándoles a entrar en comunión con Dios. Este aspecto trascendental de la música es algo que debe ser enseñado y valorado desde una edad temprana, ya que puede tener un impacto duradero en la vida espiritual de los niños.

En la práctica educativa, esto se puede lograr introduciendo a los niños en la música sacra desde los primeros años de su formación musical. Cantar en un coro, aprender a tocar el órgano o simplemente escuchar obras maestras de la música sacra pueden ser experiencias que marquen profundamente el alma de un niño. Estas experiencias no solo les enseñan sobre la belleza de la música, sino que también les abren a la belleza de lo divino. En un contexto de educación católica, la música sacra no es simplemente un género más, sino un medio de evangelización, una forma de llevar a los niños a un encuentro personal con Dios.

Al mismo tiempo, la enseñanza de la música sacra en la Educación Primaria no debe ser algo impositivo o mecánico, sino algo que brote naturalmente del amor por la belleza y por lo sagrado. Los maestros deben ayudar a los niños a descubrir por sí mismos la grandeza de la música sacra, presentándola no como una obligación, sino como una invitación a participar en algo mucho más grande que ellos mismos. De esta manera, los niños podrán desarrollar una relación personal con la música sacra, que les acompañará a lo largo de toda su vida.

Además, la música tiene una capacidad única para expresar lo inefable, aquello que no puede ser dicho con palabras. Este es un aspecto que también se conecta profundamente con la experiencia religiosa, donde muchas veces las palabras no son suficientes para expresar el misterio de Dios. La música puede llenar ese vacío, ayudando a los niños a expresar su fe y sus emociones de una manera que las palabras no pueden. En este sentido, la música es una forma de oración, una manera de comunicarse con Dios desde lo más profundo del corazón.

En la educación musical, es importante que los niños no solo aprendan a ejecutar obras musicales de manera técnica, sino que también aprendan a interpretar esas obras con el corazón, permitiendo que la música se convierta en una expresión de su vida espiritual. Esto requiere un enfoque integral en la enseñanza de la música, donde se valore tanto el aspecto técnico como el espiritual de la ejecución musical. Al enseñar a los niños a tocar o cantar con el corazón, los maestros les están enseñando a hacer de la música una verdadera expresión de su fe.

Finalmente, la música tiene la capacidad de unir a las personas en una experiencia compartida. En una sociedad cada vez más fragmentada, la música puede ser un medio para crear comunidad, para unir a los niños en una experiencia de belleza y trascendencia que trasciende las diferencias individuales. En el contexto de la educación católica, esta capacidad de la música para crear comunidad es especialmente importante, ya que refleja el ideal cristiano de la unidad en la diversidad. A través de la música, los niños pueden aprender a trabajar juntos, a escucharse mutuamente y a participar en una obra común que les trasciende.

En este sentido, la música no solo es un lenguaje universal del alma, sino también un lenguaje que une a las almas en una experiencia de comunión. Esta comunión, que los niños experimentan en el aula de música, es un reflejo de la comunión que están llamados a vivir en la Iglesia y en su relación con Dios. Al aprender a participar en esta comunión musical, los niños están siendo preparados para participar plenamente en la comunión espiritual que es el centro de la vida cristiana.

De este modo, la música, en su capacidad para tocar el alma, para expresar lo inefable y para unir a las personas, se convierte en un medio privilegiado para la formación espiritual y moral de los niños. Al integrar la música en la Educación Primaria, especialmente en un contexto de fe, los maestros no solo están formando a futuros músicos, sino también a futuros cristianos, capaces de reconocer la belleza de Dios en la música y en el mundo que les rodea.

La música, como hemos explorado, no solo es una manifestación estética y cultural, sino también un medio profundamente espiritual. Para los niños en edad escolar, aprender música es mucho más que desarrollar habilidades técnicas. Es una forma de aprender a escuchar, de abrirse a la belleza y de entrar en contacto con lo trascendente. Esto no significa que cada lección musical tenga que ser una lección explícitamente religiosa, pero sí implica que la enseñanza de la música puede estar impregnada de valores que reflejan el corazón de la fe cristiana: la reverencia, la apertura al misterio y el respeto por el otro.

La música tiene el poder de unir lo visible y lo invisible, lo humano y lo divino. En el aula, esto se traduce en una pedagogía que no solo se preocupa por las destrezas técnicas de los estudiantes, sino también por su crecimiento interior. Los maestros que cultivan esta dimensión espiritual de la música están ayudando a sus estudiantes a desarrollar una sensibilidad que les servirá en muchos aspectos de la vida. Esta sensibilidad les permitirá reconocer la belleza, no solo en la música, sino también en el mundo y en las personas que les rodean.

A través de la música, los niños también aprenden sobre el silencio, no como una ausencia, sino como un espacio donde la presencia de Dios se hace más palpable. Al valorar los silencios en la música, los estudiantes están aprendiendo a valorar los momentos de quietud y contemplación en sus propias vidas. En la tradición católica, el silencio es esencial para escuchar la voz de Dios, y al integrar esta realidad en la formación musical, estamos preparando a los niños para una vida de oración y de comunión con lo divino.

Finalmente, la música no solo forma a los niños individualmente, sino que también tiene el poder de formar comunidad. En un coro, en una orquesta o en cualquier grupo musical, los niños aprenden a trabajar juntos, a escucharse mutuamente y a crear algo hermoso en conjunto. Este sentido de comunidad es un reflejo de la Iglesia, donde cada persona tiene un papel que desempeñar y donde el trabajo conjunto crea una armonía que trasciende lo individual. La música, en este sentido, se convierte en una metáfora de la vida cristiana, donde cada uno aporta su don, pero donde la verdadera belleza emerge cuando todos trabajan en comunión.

En conclusión, la música es un lenguaje universal que toca el alma y que tiene un profundo impacto en la formación de los niños. Al enseñar música en un contexto católico, no solo estamos desarrollando sus habilidades artísticas, sino que también estamos formando su carácter, su sensibilidad espiritual y su capacidad para participar en la comunión de la Iglesia y del mundo. De esta manera, la música se convierte en un medio privilegiado para la educación integral de los niños, preparándolos no solo para ser músicos, sino también para ser cristianos comprometidos y sensibles al misterio de Dios en sus vidas.

Capítulo 3: El silencio como espacio sagrado en la educación

El silencio, tan incomprendido en nuestra cultura actual, es en realidad un componente esencial tanto en la música como en la espiritualidad. Para comprender su importancia, debemos verlo no como una ausencia de sonido, sino como una presencia activa, un espacio donde las cosas toman forma. En el contexto de la Educación Primaria, enseñar a los niños el valor del silencio es enseñarles a valorar la escucha, la introspección y la contemplación. Estos son hábitos que no solo enriquecerán su experiencia musical, sino también su vida espiritual y su desarrollo personal.

Desde el punto de vista musical, el silencio es fundamental para estructurar y dar sentido a una obra. Los compases de silencio en una partitura no son simplemente vacíos; son momentos de pausa que permiten que la música respire, que el oyente asimile lo que acaba de escuchar y que se anticipe lo que está por venir. En la vida espiritual, el silencio tiene una función similar. Es en el silencio donde se da el encuentro más íntimo con lo divino, donde la persona se abre a la presencia de Dios de una manera que las palabras no pueden capturar. El famoso "Dios habla en el silencio" se convierte en una realidad tangible cuando aprendemos a valorarlo.

En el aula, esta conexión entre el silencio musical y el silencio espiritual puede ser cultivada desde una edad temprana. Los maestros pueden enseñar a los niños a respetar los momentos de silencio en la música y a experimentar su valor. Pero más allá de la música, también se puede enseñar a los niños a encontrar el silencio interior, a desarrollar la capacidad de quedarse quietos, de reflexionar, de estar presentes. En una época en la que el ruido y la distracción parecen reinar, esta habilidad es más relevante que nunca. Es en el silencio donde los niños pueden encontrarse a sí mismos y, eventualmente, encontrar a Dios.

Este espacio de silencio es vital no solo para el crecimiento espiritual, sino también para el desarrollo de la creatividad. El silencio es un lugar donde las ideas nacen, donde se permite que el alma exprese aquello que las palabras y los sonidos a veces no pueden. En el contexto de la enseñanza musical, el silencio permite a los niños interpretar la música con mayor profundidad, dándoles el espacio para reflexionar sobre lo que están tocando o cantando y conectar con su significado más profundo. Esta capacidad de reflexión es clave tanto para su formación artística como espiritual.

El silencio también tiene una dimensión comunitaria, especialmente dentro de la tradición litúrgica católica. Durante la celebración de la Eucaristía, el silencio se convierte en un espacio de comunión, un momento en el que toda la asamblea se une en una contemplación compartida. Enseñar a los niños a participar en estos momentos de silencio es enseñarles a formar parte de una comunidad que va más allá de lo individual. A través del silencio, los niños aprenden a escuchar, no solo la música o sus propios pensamientos, sino también a los demás y a Dios. Este aprendizaje es crucial para su crecimiento dentro de la fe y de la Iglesia.

Además, el silencio enseña la humildad. En un mundo que valora tanto la expresión externa, el silencio nos recuerda que no siempre necesitamos tener la última palabra, que a veces es en la escucha donde se encuentra la mayor sabiduría. Esta lección es especialmente importante en la formación espiritual de los niños. Enseñarles que está bien hacer una pausa, reflexionar y no siempre hablar, les ayuda a desarrollar un sentido más profundo de humildad y respeto hacia los demás y hacia Dios.

El silencio, entonces, no es simplemente la ausencia de sonido, sino una presencia que llena de significado tanto la vida musical como la espiritual. En la Educación Primaria, enseñar a los niños a valorar el silencio es dotarlos de una herramienta poderosa para la vida. A través del silencio, pueden aprender a escuchar con atención, a reflexionar con profundidad y a estar abiertos a la presencia de Dios en sus vidas.

El acto de crear un espacio de silencio en la educación es un desafío en un mundo dominado por el ruido constante. Sin embargo, es precisamente en medio de ese ruido donde el silencio adquiere mayor valor. Para los niños, acostumbrados a estímulos incesantes y a la gratificación inmediata, el silencio puede parecer incómodo o incluso inútil al principio. Pero cuando se les enseña a estar presentes en el silencio, comienza a surgir en ellos una comprensión más profunda de su poder transformador. Este proceso de aprendizaje, tanto en la música como en la vida espiritual, requiere paciencia y guía por parte del educador.

En la práctica, incorporar el silencio en el aula puede tomar diversas formas. En una lección de música, los momentos de silencio pueden ser una parte deliberada de la enseñanza. Un maestro puede hacer una pausa antes de iniciar una obra, invitando a los estudiantes a prepararse interiormente, a estar atentos no solo al sonido, sino también a lo que el silencio comunica. Esta pausa no es una interrupción, sino una preparación activa, una oportunidad para que los niños centren su atención y estén completamente presentes. De manera similar, en una lección de religión, los momentos de silencio pueden ser momentos de oración, de contemplación o simplemente de estar en la presencia de Dios.

A medida que los niños aprenden a apreciar estos momentos, empiezan a descubrir que el silencio es un espacio donde pueden encontrar claridad y conexión. El silencio en la música les permite escuchar no solo lo que se toca, sino también lo que se insinúa entre las notas, lo que se guarda en los intervalos. En su vida espiritual, el silencio les ayuda a escuchar la voz de

Dios en sus corazones, una voz que no siempre se manifiesta en el bullicio, sino en la quietud.

Este enfoque en el silencio tiene implicaciones directas para la vida cotidiana de los niños. Al desarrollar una actitud de atención en el silencio, los niños también desarrollan la capacidad de ser más conscientes y atentos en sus interacciones con los demás. En una sociedad cada vez más marcada por la distracción y la superficialidad, esta capacidad de estar presente es una habilidad fundamental para la vida, tanto en lo personal como en lo comunitario.

Además, el silencio tiene una dimensión sacramental en la vida cristiana. En la liturgia, los momentos de silencio no son simples pausas entre las palabras y los cantos, sino momentos de gracia, espacios donde la acción de Dios se hace más evidente. Enseñar a los niños a vivir estos momentos en la liturgia es enseñarles a reconocer que la presencia de Dios no siempre se revela en grandes manifestaciones, sino que a menudo se encuentra en los susurros, en lo pequeño y lo callado. El valor de este aprendizaje es incalculable, ya que los prepara para una vida de fe madura y contemplativa.

En la educación musical, el silencio es igualmente fundamental para la creación artística. Los grandes compositores han sabido utilizar el silencio como una herramienta expresiva, un elemento que aporta intensidad y significado a la música. Enseñar a los niños a utilizar el silencio en su interpretación musical les ayuda a comprender que la música no es solo una sucesión de notas, sino una interacción dinámica entre sonido y silencio. Esta comprensión también puede trasladarse a su vida espiritual, donde aprender a estar en silencio es aprender a estar en sintonía con Dios.

El silencio, por tanto, no es algo que deba evitarse o temerse, sino algo que debe cultivarse y valorarse. Es en el silencio donde la música encuentra su significado más profundo, y es en el silencio donde la vida espiritual se profundiza. Enseñar a los niños a valorar el silencio es enseñarles a ser más conscientes, más reflexivos y más abiertos a la acción de Dios en sus vidas. Al integrar el silencio en su educación, estamos preparando a los niños no solo para ser mejores músicos, sino también para ser mejores personas, capaces de vivir con mayor atención y sensibilidad en un mundo que, más que nunca, necesita del silencio para reencontrarse con lo esencial.

A lo largo de la historia de la Iglesia, el silencio ha tenido un papel destacado en la vida de los santos, los místicos y los teólogos. Aunque el silencio como virtud y disciplina no se limita a los claustros o a los eremitas, tiene una relevancia igualmente profunda en la vida cotidiana de cualquier creyente. En la educación, inculcar esta disposición hacia el silencio es proporcionar a los niños una herramienta poderosa para su crecimiento espiritual y humano. El silencio los prepara para el encuentro con lo divino, para el autoconocimiento y para la verdadera escucha, tanto en la música como en su vida espiritual.

Desde el punto de vista educativo, integrar el silencio en el aula puede ser un desafío, pero también una oportunidad. Muchos maestros, ante el bullicio natural de los niños, pueden verse tentados a mantener la clase en constante actividad para evitar distracciones. Sin embargo, enseñar a los niños a valorar el silencio no significa imponer un silencio forzado o intimidante, sino crear espacios donde el silencio pueda florecer de manera natural. Esto puede comenzar con pequeños momentos: una pausa después de una oración, un minuto de reflexión antes de una actividad o unos instantes de silencio antes de interpretar una pieza musical.

En estos momentos, los niños aprenden que el silencio es un regalo, un espacio en el que pueden respirar, centrarse y abrirse a algo más grande que ellos mismos. De este modo, el silencio se convierte en una invitación al encuentro, tanto con el arte como con Dios. En la música, el silencio permite que las notas resuenen con más claridad, y en la vida espiritual, el silencio permite que la voz de Dios sea más perceptible. Este es uno de los grandes legados que la educación católica puede ofrecer: enseñar a los niños a escuchar, a esperar y a encontrar sentido en el silencio.

Un aspecto importante de la enseñanza del silencio es el ejemplo del maestro. Los niños aprenden tanto por lo que se les dice como por lo que observan. Si el maestro es capaz de modelar una actitud de respeto y apertura hacia el silencio, los niños serán más propensos a adoptar esa misma actitud. Esto no solo es aplicable en las clases de música, sino en toda la vida escolar. Los momentos de oración, de reflexión y de escucha atenta son oportunidades para que el maestro muestre cómo el silencio no es un vacío a llenar, sino un espacio sagrado donde se revela lo más profundo.

El silencio también tiene un impacto en las relaciones interpersonales. En un ambiente educativo donde se valora el silencio, los niños aprenden a escuchar con más atención a sus compañeros y a sus maestros. Este tipo de escucha va más allá de la simple atención a las palabras; implica una disposición a comprender, a empatizar y a estar presente con el otro. En un mundo donde las conversaciones suelen ser rápidas y superficiales, esta capacidad de escucha profunda es una habilidad que será invaluable a lo largo de la vida.

Por último, el silencio tiene un poder transformador que, cuando se integra en la vida cotidiana de los niños, los prepara para una vida de oración más rica. La oración, especialmente en la tradición católica, no es solo una cuestión de palabras, sino de estar en la presencia de Dios. Enseñar a los niños a rezar en silencio, a quedarse quietos ante el misterio divino, es enseñarles una forma de oración que los acompañará durante toda su vida. En esos momentos de silencio, los niños descubren que Dios no siempre se manifiesta en lo espectacular, sino que a menudo se encuentra en lo pequeño y lo sencillo.

En conclusión, el silencio es un elemento esencial en la educación musical y espiritual. Al enseñar a los niños a valorar el silencio, estamos enseñándoles a ser más conscientes, más reflexivos y más abiertos a la gracia de Dios. La música y la espiritualidad comparten esta dimensión en la que el silencio no es una interrupción, sino una parte integral del todo. A través del silencio, los niños aprenden a escuchar no solo los sonidos que los rodean, sino también la voz interior de Dios, que les habla en lo más profundo de su ser.

Capítulo 4: La música como reflejo de la belleza divina

La belleza ha sido, desde los tiempos antiguos, uno de los atributos fundamentales de Dios, especialmente dentro de la tradición cristiana. Como enseña la doctrina católica, Dios es el origen de toda belleza, y todo lo que es bello en el mundo creado no es más que un reflejo de la perfección divina. Esta noción de belleza se manifiesta en muchas formas artísticas, pero quizá ninguna tan poderosa como la música. La música tiene la capacidad única de evocar una reacción emocional y espiritual profunda en el oyente, algo que la convierte en una herramienta potentísima para el acercamiento a la verdad divina.

Desde una perspectiva católica, la música es más que un simple arte estético; es un vehículo de trascendencia, capaz de elevar el alma hacia Dios. La educación musical, dentro del contexto católico, se convierte en una parte integral de la formación espiritual de los jóvenes, ya que a través de la música, los niños pueden descubrir aspectos de la belleza de Dios que quizás no sean tan evidentes en otros ámbitos de la vida. En este sentido, la enseñanza musical va más allá de las notas, los compases y las partituras; se convierte en una experiencia de lo divino.

La enseñanza de la música debe, por tanto, integrar tanto la dimensión técnica como la dimensión espiritual. Esto implica que, aunque el dominio de un instrumento o la interpretación correcta de una obra sean importantes, el objetivo final es el cultivo de una sensibilidad hacia la belleza que eleve el alma hacia Dios. La música, cuando es bien enseñada, debe despertar en el niño un deseo de alcanzar una mayor comunión con lo sagrado. Aquí es donde la música, especialmente la música sacra, encuentra su lugar natural dentro de la educación católica. Es un camino hacia la contemplación y la oración.

La relación entre música y belleza ha sido un tema recurrente en la tradición filosófica y teológica de la Iglesia. San Agustín, uno de los padres más influyentes de la Iglesia, reflexionó profundamente sobre la capacidad de la música para conmover el alma. En sus "Confesiones", relata cómo la música litúrgica lo ayudó a conectar con Dios de una manera más íntima, llevando su corazón a un estado de mayor apertura a la gracia divina. Este poder de la música para transformar el interior del ser humano ha sido reconocido y apreciado a lo largo de los siglos, y sigue siendo una razón fundamental por la cual la música juega un papel tan crucial en la vida espiritual de los católicos.

La enseñanza musical debe, por tanto, integrar estos elementos contemplativos y espirituales. Los niños no solo deben ser instruidos en las habilidades técnicas necesarias para interpretar música, sino también en cómo la música puede ser una vía para encontrar a Dios en sus vidas diarias. En el aula de música, se puede enseñar a los niños a apreciar la belleza de la creación divina a través de la escucha atenta y reflexiva de la música. Este tipo de enseñanza no solo les proporcionará una comprensión más profunda de la música, sino que también los preparará para una vida espiritual más rica y plena.

Dentro de la educación musical católica, la música sacra ocupa un lugar privilegiado. Las obras que han sido compuestas específicamente para la liturgia o para la alabanza de Dios han demostrado, a lo largo de la historia de la Iglesia, una capacidad particular para mover el alma hacia la contemplación de lo divino. Los grandes compositores de música sacra, como Bach o Mozart, comprendían que la música es capaz de transmitir lo que las palabras a menudo no pueden: el misterio de la fe. La música sacra, en su forma más pura, no es un simple acompañamiento de la oración, sino una forma de oración en sí misma.

En la Educación Primaria, los niños deben ser introducidos a este legado de música sacra no solo como parte de su formación técnica, sino también como una experiencia viva de la fe. Interpretar música sacra no es solo un ejercicio musical; es una participación en el acto de alabanza que los santos y los ángeles elevan a Dios en el Cielo. Cuando los niños cantan una obra sacra, ya sea un himno tradicional o una pieza coral más compleja, están, en cierto sentido, uniendo sus voces a las del coro celestial que canta eternamente en la presencia de Dios.

Este es un aspecto que distingue a la música sacra de otras formas de arte musical. Su finalidad no es únicamente la expresión de emociones humanas o la exploración de técnicas compositivas, sino el ofrecimiento de alabanza a Dios. En este sentido, la enseñanza de la música sacra debe ser abordada con el mismo respeto y reverencia que cualquier otro acto de culto. Los niños deben ser guiados para entender que, al interpretar música sacra, están participando en algo más grande que ellos mismos; están colaborando en el acto de adoración de la Iglesia universal.

Otro aspecto central de la música en la tradición católica es su capacidad para sanar. La belleza, en todas sus formas, tiene un poder redentor. Esto es algo que se refleja claramente en la música, que puede restaurar el orden y la paz en el alma humana. En un mundo marcado por el pecado, la disonancia y la fragmentación, la música actúa como un bálsamo que calma las heridas del alma y la reconcilia con su Creador. Es por ello que la música no es solo un arte, sino también una medicina espiritual, una forma de redención que lleva al hombre hacia la plenitud de la vida en Dios.

En la educación musical, esto significa que los niños no solo deben aprender a interpretar música, sino también a experimentar la paz y la sanación que provienen de la belleza musical. La enseñanza de la música puede convertirse en una forma de terapia espiritual, una manera de ayudar a los niños a encontrar la armonía interior y la serenidad en un mundo que a menudo está lleno de caos. Los momentos de silencio, meditación y reflexión que acompañan a la enseñanza musical son oportunidades para que los niños se reconcilien consigo mismos y con Dios, abriéndose a la gracia que fluye a través de la belleza de la música.

Es imposible hablar de la música sin mencionar el silencio, porque ambos son inseparables. El silencio es la matriz de la cual surge la música, y es también el espacio donde resuena más profundamente. En la vida espiritual, el silencio es una condición indispensable para escuchar la voz de Dios, y en la música, es esencial para apreciar plenamente cada nota, cada acorde. La enseñanza de la música debe incluir no solo el aprendizaje de las notas y los ritmos, sino también el aprendizaje del silencio, de la pausa, de la espera. Estos momentos de silencio dentro de la música son los que permiten que la belleza sonora cobre vida y se transforme en algo trascendente.

En el ámbito espiritual, el silencio es igualmente necesario. La música puede llevarnos al umbral de la oración, pero es el silencio el que nos permite entrar en comunión con Dios. En la educación musical católica, enseñar a los niños a valorar el silencio es tan importante como enseñarles a cantar o tocar un instrumento. A través del silencio, el niño aprende a escuchar de manera más profunda, no solo la música, sino también la voz de Dios que habla en lo más íntimo de su corazón.

En este contexto, la música, el silencio y la belleza se entrelazan de manera inseparable. Para que los niños lleguen a comprender verdaderamente el valor de la música como un reflejo de la belleza divina, es fundamental que también aprendan a respetar el silencio que la acompaña. Este silencio no es un vacío, sino un espacio lleno de potencial, donde las verdades más profundas se revelan y donde la gracia de Dios puede actuar de manera más eficaz.

En la Educación Primaria, donde los estudiantes aún están en las primeras etapas de su formación espiritual y académica, es esencial que se les enseñe a equilibrar estos dos aspectos de la música. Tanto el sonido como el silencio son necesarios para que la música adquiera su significado completo. Este equilibrio, a su vez, les proporcionará una base sólida sobre la cual podrán construir una relación más profunda con Dios y con la fe católica a lo largo de sus vidas.

Por lo tanto, la tarea del educador católico no se limita a enseñar las notas y los acordes, sino también a guiar a los niños en la apreciación del silencio como un espacio sagrado. Al aprender a detenerse y escuchar, los estudiantes no solo mejorarán sus habilidades musicales, sino que también aprenderán a ser más receptivos a la acción de la Gracia en sus vidas. Este enfoque holístico de la enseñanza de la música es lo que permite que la educación musical católica se distinga de otras formas de instrucción musical. Es una educación que no solo forma músicos competentes, sino también almas sensibles a la belleza de Dios y al poder transformador de la música.

La experiencia de la belleza en la música también permite que los niños desarrollen una capacidad única para relacionarse con el misterio de Dios. A medida que aprenden a identificar y apreciar la belleza en las melodías y armonías, comienzan a abrirse a una realidad más amplia: la de un universo ordenado y lleno de sentido. La música, al reflejar esta belleza divina, invita a los estudiantes a contemplar el orden y la armonía que existen en la creación, y los introduce, aunque de manera sutil, en los misterios de la fe.

Desde temprana edad, los niños están expuestos a la belleza de las creaciones artísticas, pero es la música, con su poder evocador, la que les ofrece una experiencia más íntima de esta belleza. En una obra musical bien ejecutada, cada nota y cada silencio están en su lugar, cumpliendo una función específica dentro de la totalidad de la pieza. Esta estructura, que parece tan natural y fluida en la música, es una imagen de la estructura y el orden del universo creado por Dios. En la medida en que los niños aprenden a respetar y seguir este orden dentro de la música, también aprenden a buscar y valorar el orden en sus propias vidas y en el mundo que les rodea.

Este proceso de formación musical y espiritual no ocurre de manera instantánea; es un camino que los niños recorren lentamente, aprendiendo a escuchar, a respetar el silencio y a apreciar la belleza de la música de manera cada vez más profunda. Este proceso se refleja en el crecimiento de su fe, que también es un camino de descubrimiento progresivo. A medida que los niños maduran en su comprensión de la música, también maduran en su capacidad para captar los misterios de Dios, ya que la música bien enseñada puede ser una de las primeras experiencias de trascendencia que tienen en sus vidas.

El papel del maestro en este proceso es vital. El educador católico debe no solo enseñar música desde una perspectiva técnica, sino también desde una perspectiva espiritual. Al hacerlo, ayudará a los niños a integrar sus experiencias musicales en su vida de fe. Cada vez que un niño canta o toca una pieza musical, debe hacerlo con la conciencia de que esa música, en última instancia, es una expresión de la belleza divina. Este tipo de enfoque en la enseñanza no solo forma buenos músicos, sino también almas abiertas a la acción de Dios.

Además, es crucial que el educador modele este equilibrio entre el sonido y el silencio en su propia vida. Los niños aprenden más de los ejemplos que de las palabras, y si ven en sus maestros un respeto reverente por la música, así como una actitud de contemplación en el silencio, estarán más inclinados a seguir ese ejemplo. La educación católica busca no solo la transmisión de conocimientos, sino también la formación integral del ser humano. En este sentido, la música juega un papel insustituible, ya que toca el alma de una manera que pocas otras disciplinas pueden lograr.

La música sacra, en particular, tiene un poder especial para formar el alma. Desde los cantos gregorianos hasta las composiciones más modernas, la música sacra ha sido siempre una forma privilegiada de alabanza a Dios. Cuando los niños interpretan este tipo de música, no solo están desarrollando sus habilidades musicales, sino que también están participando en una tradición milenaria de adoración. Esta participación no es solo técnica, sino también espiritual. La música sacra, con su belleza y solemnidad, eleva el alma y la orienta hacia Dios, enseñando a los niños que la música no es un fin en sí misma, sino un medio para alcanzar lo divino.

Finalmente, el propósito último de toda enseñanza musical en el contexto de la fe católica es llevar a los estudiantes a una relación más profunda con Dios. En este sentido, la música se convierte en una forma de oración, una manera de expresar lo que las palabras no pueden. A través de la música, los niños pueden experimentar una intimidad con Dios que trasciende las limitaciones del lenguaje. Este es el mayor regalo que la educación musical puede ofrecerles: la capacidad de comunicarse con Dios en un nivel más profundo, de experimentar su presencia a través de la belleza del sonido y el silencio.

La educación musical en la infancia, por tanto, no debe ser vista solo como una formación artística, sino también como una preparación espiritual. Al enseñar a los niños a apreciar la belleza, el silencio y la música, se les está preparando para una vida de fe más rica y plena. Este es el poder de la música dentro de la educación católica: es un camino hacia Dios, un reflejo de su belleza infinita, y una puerta abierta a la contemplación del misterio divino.

En la medida en que los niños avanzan en su formación musical, van desarrollando una mayor sensibilidad hacia la armonía y el ritmo, tanto en la música como en la vida misma. Este sentido de orden, tan intrínseco a la música, tiene un profundo paralelo con la búsqueda del orden interior que propone la vida cristiana. La fe católica nos invita constantemente a alinear nuestras vidas con el plan de Dios, a encontrar esa armonía espiritual que nos permite vivir de acuerdo con su voluntad. De la misma manera, la música exige disciplina, atención y una comprensión profunda de cómo cada nota y cada silencio encajan en el conjunto para crear algo bello y coherente.

Este proceso de formación no se limita a la teoría. Los niños que aprenden a tocar un instrumento, a cantar en un coro o a seguir un ritmo con precisión, están practicando habilidades que trascienden la simple ejecución musical. Están aprendiendo a reconocer patrones, a anticipar lo que viene, a sincronizarse con los demás y a ajustar su propio desempeño para crear un todo armonioso. Estas son lecciones que se aplican igualmente a la vida espiritual. En la vida cristiana, aprender a seguir el ritmo de la gracia, a escuchar la voz de Dios en el silencio, y a colaborar con los demás en la comunidad de fe, son habilidades esenciales para vivir plenamente nuestra vocación como hijos de Dios.

Además, la música, en su dimensión litúrgica, tiene un poder formativo especial. En la celebración de la Eucaristía, la música ocupa un lugar privilegiado. No es un mero acompañamiento, sino una parte integral de la liturgia. A través de los cantos, los fieles participan activamente en el misterio del sacrificio de Cristo. Los niños, al ser introducidos en esta realidad desde una edad temprana, aprenden que la música en la liturgia tiene una función profundamente espiritual. No se trata solo de cantar bien o de ejecutar una pieza con destreza, sino de usar la música como un medio para acercarse más a Dios y para unirse a la alabanza universal de la Iglesia.

En este sentido, la música en la educación católica tiene una dimensión sacramental. Al igual que los sacramentos son signos visibles de la gracia invisible de Dios, la música, especialmente la música sacra, actúa como un signo de la presencia divina. Al enseñar música a los niños, no solo se les está proporcionando una herramienta para expresar sus emociones o para disfrutar de un arte bello, sino también un medio para experimentar y participar en la realidad más profunda de la fe. Esta es la riqueza de la educación musical cuando está enraizada en la tradición católica: no es solo una formación artística, sino también una formación espiritual, una puerta de entrada a lo sagrado.

El silencio, tan fundamental en la música, tiene también una importancia central en la vida espiritual. En un mundo ruidoso y lleno de distracciones, enseñar a los niños a apreciar el silencio es enseñarles a encontrar espacio para la contemplación, para el encuentro con Dios. El silencio no es solo la ausencia de ruido, sino un estado interior de paz y receptividad. Al igual que en la música, donde el silencio entre notas tiene tanto valor como las notas mismas, en la vida espiritual el silencio es el espacio donde Dios habla al corazón. Enseñar a los niños a valorar este silencio es una de las tareas más importantes de la educación católica.

A lo largo de su formación, los niños que aprenden a integrar el sonido y el silencio en su experiencia musical están también aprendiendo a integrar la acción y la contemplación en su vida espiritual. Al igual que un músico necesita momentos de pausa para poder interpretar con más claridad la siguiente nota, el cristiano necesita momentos de silencio y recogimiento para poder discernir la voluntad de Dios y actuar en consecuencia. De esta manera, la música se convierte en una metáfora viviente de la vida cristiana, en la que cada acción tiene su lugar y su propósito, y en la que el silencio nos prepara para escuchar la voz de Dios.

La educación musical, por tanto, debe ser vista como un medio privilegiado para formar no solo buenos músicos, sino también buenos cristianos. Los niños que aprenden a tocar un instrumento o a cantar en un coro están desarrollando habilidades que les serán útiles en muchos aspectos de su vida, pero, más importante aún, están aprendiendo a encontrar a Dios en la belleza de la música y en el silencio que la rodea. Esta es la esencia de la educación musical en el contexto de la fe católica: es una invitación a descubrir la presencia de Dios en el mundo, en los sonidos que nos rodean, y en el silencio que nos abre a su misterio.

Esta perspectiva de la música como un medio para descubrir a Dios tiene profundas raíces en la tradición católica. A lo largo de la historia, la Iglesia ha reconocido el poder de la música para elevar el alma hacia el Creador. Los Padres de la Iglesia, como San Agustín, hablaban de la música como un medio de transformación espiritual. San Agustín, en particular, reconocía cómo la música sacra podía suscitar en el alma un anhelo por Dios, un deseo de unión con Él. Este legado se ha mantenido vivo en la liturgia y en la vida de la Iglesia, donde la música sigue siendo un canal privilegiado para la oración y la alabanza.

A los niños se les debe presentar la música de una manera que les permita no solo apreciar su belleza, sino también reconocerla como un don de Dios. A través de la enseñanza de cantos litúrgicos, himnos y otras formas de música sacra, los maestros pueden ayudar a los niños a ver que la música es más que un entretenimiento: es un camino hacia la santidad. En este sentido, la música no solo forma parte de su desarrollo cultural y artístico, sino que también es una herramienta de evangelización. Los niños que experimentan la música de esta manera crecerán con un sentido más profundo de lo sagrado y de la importancia de la belleza en la vida espiritual.

La belleza, como refleja la música, es una categoría teológica importante. En la tradición cristiana, la belleza no es solo algo estético, sino que está profundamente conectada con la verdad y la bondad. El famoso tríptico de la verdad, la bondad y la belleza nos recuerda que lo que es bello también es verdadero y bueno. Así, cuando los niños aprenden a reconocer la belleza en la música, están participando en una experiencia que, en última instancia, los lleva hacia la verdad de Dios. De esta manera, la educación musical en el contexto católico es una invitación a contemplar a Dios a través de sus reflejos en la creación, y especialmente en el arte.

El contacto temprano con la música sacra, además, ayuda a los niños a integrar su vida espiritual con su desarrollo intelectual y emocional. La música tiene la capacidad de tocar las emociones de una manera única, y cuando está enraizada en la liturgia, puede ayudar a los niños a canalizar esas emociones hacia Dios. A través del canto litúrgico, los niños aprenden no solo a expresar sus sentimientos, sino a ofrecerlos a Dios en un acto de alabanza y adoración. Esta es una de las razones por las que la música es tan central en la vida de la Iglesia: permite a los fieles expresar lo que las palabras a veces no pueden, y eleva el corazón hacia el Creador.

Es importante, entonces, que la enseñanza de la música en el contexto católico no se limite a lo técnico. No se trata solo de aprender a leer partituras o a seguir un ritmo. Es necesario que los niños comprendan el significado más profundo de la música como una expresión de la alabanza a Dios. El maestro tiene la responsabilidad de guiar a los estudiantes en esta comprensión, ayudándoles a ver la música como un don de Dios que debe ser utilizado para su gloria. Esto requiere una formación integral que incluya tanto el aspecto técnico como el espiritual de la música, permitiendo que los estudiantes experimenten la plenitud de lo que la música puede ofrecer.

En última instancia, la meta de la educación musical en la fe católica es la santificación de los niños a través de la belleza. Al aprender a apreciar la música, los estudiantes están desarrollando una sensibilidad hacia lo divino, una capacidad para reconocer la presencia de Dios en el mundo. Este es un aspecto fundamental de la vida cristiana: aprender a ver a Dios en todas las cosas, y especialmente en las que reflejan su belleza. La música, como una de las expresiones más puras de la belleza, es un camino privilegiado hacia este descubrimiento.

Además, la música puede ser una fuente de consuelo y esperanza en la vida espiritual. En los momentos de dificultad, las melodías sagradas pueden servir como un recordatorio de la presencia constante de Dios. Esto es algo que los niños también deben aprender a través de su formación musical. Cuando un niño canta o escucha una pieza de música sacra, está participando en una tradición que ha sostenido a innumerables almas a lo largo de los siglos. Esta conexión con la historia de la Iglesia y con los santos que también han sido consolados por la música es algo que debe ser enfatizado en la educación musical católica.

Por último, la música tiene un papel importante en la evangelización. Los niños que aprenden a cantar y a tocar instrumentos pueden llevar la belleza de la música a otros, convirtiéndose en pequeños misioneros a través de sus dones musicales. Al compartir la música, no solo están compartiendo su talento, sino también una parte del Evangelio, una manifestación de la belleza de Dios que puede tocar los corazones de quienes los escuchan. Esta dimensión misionera de la música es algo que no debe pasarse por alto, ya que refleja el mandato de Cristo de llevar la Buena Nueva a todas las naciones, utilizando todos los medios posibles, incluida la música.

La importancia de la música en la misión de la Iglesia no puede ser subestimada. A lo largo de la historia, la música ha sido una herramienta poderosa para transmitir la fe, especialmente en tiempos y lugares donde las palabras podían no ser suficientes o donde la evangelización directa era limitada. En el contexto de la Educación Primaria, los niños que son introducidos a la música sacra y a los cantos litúrgicos están recibiendo una formación que va más allá de la técnica musical. Están siendo equipados con una herramienta espiritual que tiene el potencial de transformar vidas, tanto la suya como la de aquellos que los rodean.

En este sentido, la educación musical en el contexto católico tiene un fuerte componente pastoral. Los maestros no solo están enseñando música, sino que también están formando a los futuros líderes y evangelizadores de la Iglesia. Un niño que aprende a cantar en un coro parroquial o que toca un instrumento en las celebraciones litúrgicas está siendo preparado para un papel activo en la comunidad de fe. Está aprendiendo a contribuir con sus talentos al bien común, a participar en la liturgia de manera significativa, y a usar la música como una forma de oración y testimonio.

Además, la música tiene el poder de unir a las personas de una manera que pocas otras actividades pueden lograr. En un mundo donde las divisiones y las tensiones son comunes, la música puede ser un puente que conecta a las personas, independientemente de sus diferencias. En la liturgia, los fieles se unen en una sola voz para alabar a Dios, y los niños que participan en este acto de comunión están aprendiendo una lección importante sobre la unidad en la diversidad. Esta es una enseñanza central del Evangelio: que, aunque somos muchos, en Cristo somos uno. La música, al reunir a personas de todas las edades y trasfondos en la alabanza común, refleja esta verdad de manera palpable.

La música también tiene un impacto en la formación moral de los niños. A través del estudio de la música, los estudiantes aprenden disciplina, paciencia, y la importancia de trabajar en conjunto hacia un objetivo común. Estas virtudes son esenciales no solo en el ámbito musical, sino también en la vida cristiana. La práctica constante de un instrumento o el ensayo regular en un coro enseñan a los niños que el verdadero logro no se obtiene de la noche a la mañana, sino a través del esfuerzo constante y la perseverancia. Este es un principio que también se aplica a la vida espiritual: el crecimiento en santidad es un proceso gradual que requiere dedicación, paciencia y confianza en Dios.

A través de la música, los niños también aprenden a valorar el sacrificio y el servicio. Cuando un niño ensaya una pieza difícil o dedica tiempo a practicar para un concierto o una liturgia, está aprendiendo a ofrecer su tiempo y su talento para el bien de los demás. Este acto de servicio es una forma de imitar a Cristo, quien se entregó a sí mismo completamente por nuestra salvación. Los maestros, al guiar a los niños en este proceso, están ayudándolos a desarrollar una mentalidad de servicio que los acompañará a lo largo de su vida, tanto en el ámbito musical como en su vida de fe.

La música, en su capacidad de expresar lo inefable, también tiene un papel fundamental en el desarrollo de la vida interior de los niños. A través del canto y de la escucha de música sacra, los niños aprenden a contemplar el misterio de Dios. La música puede abrir el corazón a realidades que trascienden lo visible y lo inmediato, permitiendo que los niños experimenten algo de la grandeza y la profundidad del amor de Dios. En este sentido, la música es una herramienta poderosa para la catequesis, ya que comunica verdades profundas de la fe de una manera que toca el corazón y la mente de manera simultánea.

Es por eso que la música, cuando está bien integrada en el currículo educativo, puede tener un impacto duradero en la vida espiritual de los niños. Al aprender a cantar y tocar música sacra, los niños están siendo introducidos en una tradición que les proporcionará recursos espirituales a lo largo de su vida. La música que aprenden en su juventud puede convertirse en una fuente de consuelo en los momentos de dificultad, en una expresión de alegría en los momentos de celebración, y en un medio de oración en su vida cotidiana. Esta es una de las razones por las que la educación musical en el contexto católico es tan valiosa: tiene el poder de formar no solo músicos competentes, sino también almas santas.

A medida que los niños crecen y maduran, la música que han aprendido en su infancia puede servir como un ancla espiritual, recordándoles las verdades de la fe que han sido inculcadas en ellos. Las melodías que han cantado en la liturgia, los himnos que han aprendido en la escuela, y las piezas de música sacra que han interpretado en conciertos, pueden seguir resonando en sus corazones mucho después de que hayan dejado el aula. Esta permanencia de la música en la vida espiritual es uno de los dones más grandes que los maestros pueden ofrecer a sus estudiantes: una herencia musical que los acompañará a lo largo de su vida y que los ayudará a mantenerse conectados con Dios y con su fe.

La herencia musical que los niños reciben en su educación católica no solo es un regalo para ellos, sino que también es un regalo para la comunidad en la que participan. La música sacra tiene un papel fundamental en la vida litúrgica de la Iglesia, y los niños que aprenden a cantar o tocar instrumentos en el contexto de la educación religiosa están siendo preparados para contribuir activamente a la vida de la Iglesia. Ya sea que participen en un coro parroquial, toquen un instrumento en la liturgia, o simplemente canten con devoción en la misa dominical, los niños que han sido formados en la música sacra llevan consigo una capacidad única para enriquecer la vida espiritual de la comunidad.

En la educación católica, es fundamental que los maestros comprendan que no están formando a músicos para el mundo, sino a almas para el Reino de Dios. Aunque el estudio de la música puede llevar a los estudiantes a desarrollar habilidades técnicas que les permitan alcanzar logros académicos o profesionales, el verdadero objetivo de la educación musical en el contexto católico es formar corazones capaces de alabar a Dios. Los maestros, al guiar a los niños en su formación musical, deben tener siempre presente que la música es, ante todo, un medio para acercar a las personas a Dios y a su Iglesia.

Por lo tanto, el valor de la música en la Educación Primaria católica no debe ser subestimado. A través de la música, los niños pueden experimentar una conexión más profunda con su fe, aprender a expresar sus emociones y sentimientos de manera constructiva, y desarrollar una sensibilidad hacia la belleza que les acompañará toda la vida. Los maestros, al integrar la música sacra en su enseñanza, están ofreciendo a sus estudiantes una herramienta espiritual que les ayudará a crecer en santidad y a mantenerse firmes en su fe, incluso en los momentos más difíciles.

Finalmente, la música es una de las formas más puras de alabanza a Dios. En la liturgia, en la oración y en la vida diaria, la música nos eleva, nos transforma y nos permite experimentar algo del misterio de Dios. Para los niños, esta es una lección invaluable, ya que les ayuda a ver que su vida espiritual no está separada de sus talentos y habilidades, sino que está profundamente integrada en todo lo que hacen. Al aprender a cantar y tocar música sacra, los niños están aprendiendo a ofrecer lo mejor de sí mismos a Dios, y a encontrar en la música un camino de santificación.

Con esta visión en mente, la educación musical en la fe católica se convierte en un medio poderoso para formar almas santas, preparadas para adorar a Dios en espíritu y en verdad. Los niños que son introducidos a la música sacra en su juventud están siendo preparados para una vida de oración, de servicio y de evangelización, donde la música será no solo una forma de expresión, sino también una manifestación del amor de Dios en el mundo.

Capítulo 5: Espiritualidad a través del canto

Desde los primeros días del cristianismo, el canto ha sido una expresión profundamente espiritual de la fe. Los himnos y los cánticos litúrgicos no solo cumplen una función estética, sino que están imbuidos de un sentido sagrado que eleva el alma a Dios. En la liturgia católica, el canto es, en esencia, una oración cantada. La música que acompaña las palabras transforma la oración en algo más elevado, algo que, en palabras de San Agustín, "quien canta, ora dos veces".

Esta dimensión espiritual del canto es especialmente relevante en la Educación Primaria, donde los niños, en sus primeros años de formación, pueden aprender a conectarse con Dios de manera profunda a través del canto litúrgico y los himnos. El canto, más que un simple acto artístico, es una experiencia de fe que permite a los jóvenes alumnos entrar en contacto con lo sagrado desde su más temprana edad. La repetición de himnos y cantos conocidos no solo les ayuda a memorizar palabras, sino que también internalizan los mensajes espirituales contenidos en las melodías.

Es en el acto de cantar donde el alma se dispone para la contemplación. La música, al trascender las limitaciones del lenguaje hablado, comunica una realidad espiritual que va más allá de las palabras. De hecho, en el canto litúrgico, la música no solo apoya las palabras, sino que las eleva a una dimensión más alta. Esta capacidad de la música para transmitir lo inefable es particularmente poderosa en los niños, cuyas mentes y corazones están abiertos a la experiencia de lo sublime. Al cantar en la misa o en las oraciones diarias, los niños no solo están participando en la tradición viva de la Iglesia, sino que están siendo formados espiritualmente para desarrollar una relación más profunda con Dios.

Además, el canto litúrgico no es solo una experiencia personal, sino también comunitaria. Cantar en conjunto refuerza el sentido de unidad entre los fieles. En la Educación Primaria, esta dimensión comunitaria es crucial. A través del canto en grupo, los niños experimentan lo que significa ser parte de una comunidad de fe, aprendiendo a alabar a Dios en comunión con otros. Este sentido de pertenencia a la Iglesia universal es fundamental en la formación espiritual de los niños, ya que les enseña que su fe no es una experiencia individualista, sino que está profundamente conectada con la vida de la Iglesia.

El canto, entonces, se convierte en un vehículo para la transmisión de la fe. A través de la música, los niños no solo aprenden sobre Dios, sino que experimentan su presencia de una manera tangible. En las palabras y las melodías, encuentran consuelo, alegría, esperanza y, sobre todo, una vía para expresar su amor por Dios. Por eso es vital que el canto sea una parte integral de la educación religiosa en la escuela primaria. A través del canto, los niños no solo se forman en la técnica musical, sino también en la espiritualidad. En este contexto, la música no es un fin en sí mismo, sino un medio para llevar a los niños más cerca de Dios.

A medida que profundizamos en el impacto espiritual del canto en la formación de los niños, podemos destacar cómo los himnos y las canciones religiosas seleccionadas adecuadamente pueden transmitir los valores y creencias de la fe católica. Los himnos litúrgicos, como el **Gloria**, el **Sanctus** o el **Agnus Dei**, ofrecen una rica tradición teológica y litúrgica que forma parte del tesoro de la Iglesia. Al enseñar estos cantos a los niños, no solo se les instruye sobre la música, sino que se les introduce a una forma viva de oración.

Es fundamental, además, que los educadores en la escuela primaria no vean el canto simplemente como un momento de recreación o descanso dentro del currículo. Si bien cantar puede ser una actividad lúdica, su significado espiritual trasciende esta simple dimensión. En los momentos de oración y liturgia, la música permite a los niños conectarse con el misterio de la fe de una manera que las palabras solas no logran. Al involucrar tanto el cuerpo como el alma, el canto ayuda a los niños a experimentar la fe como una realidad vivida.

La tradición del canto gregoriano es un ejemplo claro de cómo la música puede elevar el alma y preparar el corazón para la experiencia del misterio divino. Aunque el gregoriano no es común en la mayoría de las aulas de Educación Primaria, es interesante explorar cómo los niños pueden ser introducidos a esta rica herencia musical. Las melodías del canto gregoriano, con su estructura simple pero profunda, tienen el poder de calmar el espíritu y enfocar la mente en la oración. Incluso en un nivel básico, los niños pueden aprender algunos fragmentos de este estilo, no necesariamente para dominarlo, sino para ser introducidos a una tradición milenaria que sigue viva en la Iglesia.

El canto, entonces, es mucho más que una herramienta pedagógica; es una expresión profunda de la vida cristiana. A través del canto, los niños pueden aprender a alabar a Dios no solo con palabras, sino con todo su ser. Es un momento de gracia en el que el Espíritu Santo puede obrar en sus corazones, abriéndoles a la realidad trascendental de la fe.

El canto también juega un papel crucial en la transmisión de las emociones espirituales. En la Educación Primaria, los niños a menudo no tienen el vocabulario teológico o la madurez emocional para articular plenamente sus sentimientos religiosos. Sin embargo, a través del canto, pueden expresar lo que aún no pueden poner en palabras. Himnos que evocan paz, esperanza o gratitud proporcionan un medio para que los niños comuniquen su relación con Dios de una manera más intuitiva y directa. El canto se convierte en una extensión de sus corazones, una oración viva que trasciende los límites del lenguaje.

Además, en la práctica del canto comunitario, los niños también aprenden el valor de la humildad y el servicio. En un coro o grupo de canto, cada voz es importante, pero no debe sobresalir por encima de las demás. Este aspecto de colaboración y unidad en el canto enseña a los niños a valorar la importancia del cuerpo místico de Cristo, en el cual cada miembro tiene su lugar y contribución, pero siempre en comunión con los demás. Este sentido de pertenencia y cooperación es esencial en la formación espiritual, ya que refuerza la idea de que la fe es vivida en comunidad, no en aislamiento.

El canto, por tanto, no solo forma parte de la educación musical, sino que es un elemento esencial en la educación espiritual. A través del canto, los niños aprenden a orar, a alabar a Dios, a experimentar la unidad con los demás y a expresar sus emociones espirituales. En la liturgia, esta dimensión del canto es aún más pronunciada, ya que se convierte en un medio para participar en el misterio de la Eucaristía y en los demás sacramentos.

En resumen, la espiritualidad a través del canto no es solo una práctica opcional o decorativa en la educación religiosa, sino un componente fundamental de la formación integral de los niños en la fe católica. Desde el aula hasta la liturgia, el canto transforma el alma y prepara los corazones para recibir la gracia divina.

Otro aspecto clave de la espiritualidad a través del canto es su capacidad para transmitir la tradición viva de la Iglesia. Los himnos y cánticos utilizados en la liturgia no son meras composiciones contemporáneas, sino parte de un legado que se remonta a los primeros siglos del cristianismo. Cuando los niños aprenden a cantar estos himnos, se conectan con una historia más grande que ellos mismos, integrándose en una corriente ininterrumpida de fe y devoción que ha sido transmitida de generación en generación.

El poder del canto para conectar a los niños con esta tradición no debe ser subestimado. A través de la música, se abre un camino hacia la comprensión del misterio divino que va más allá de lo que puede aprenderse en un aula tradicional. De hecho, el canto litúrgico se convierte en una herramienta pedagógica de la fe, que enseña a los niños no solo sobre Dios, sino cómo relacionarse con Él de una manera más personal y profunda.

Por otro lado, la dimensión sacrificial del canto también es relevante. Al igual que la oración requiere un esfuerzo del alma para elevarse a Dios, el canto demanda un sacrificio de tiempo, energía y concentración. En este sentido, el canto no es simplemente una actividad agradable, sino un acto de devoción que implica esfuerzo y entrega. Enseñar a los niños a hacer este tipo de sacrificio en su vida diaria, a través del canto, es enseñarles a ofrecer sus corazones a Dios con generosidad y amor.

A medida que crecen y maduran en su fe, esta práctica del canto puede acompañarlos a lo largo de su vida. Lo que aprendan de niños, tanto en términos de técnica como de espiritualidad, formará una base sólida para su vida de oración y relación con Dios. Al final, el canto no solo es un medio de alabanza, sino un camino hacia la santidad.

Para expandir más el impacto del canto en la espiritualidad de los niños, es útil reflexionar sobre cómo la repetición de himnos y cantos específicos a lo largo del año litúrgico fortalece su comprensión del tiempo sagrado y les proporciona una estructura espiritual clara. En la Iglesia Católica, el calendario litúrgico está marcado por fiestas, solemnidades y tiempos de preparación como el Adviento y la Cuaresma. Cada uno de estos momentos tiene himnos particulares que los acompañan. El **Veni, Veni Emmanuel** en el Adviento, o el **Pange Lingua** en el Triduo Pascual, son ejemplos poderosos de cómo la música guía a los fieles a través del misterio cristiano.

Cuando los niños aprenden estos himnos desde una edad temprana, comienzan a internalizar la naturaleza cíclica de la fe, comprendiendo que hay momentos de preparación, de penitencia, de celebración y de acción de gracias. El simple hecho de cantar el mismo himno en diferentes años refuerza en ellos una conexión profunda con el misterio de Cristo y la vida de la Iglesia. A través del canto, aprenden a percibir el tiempo no solo como algo cronológico, sino como una realidad espiritual que los orienta hacia Dios.

Además, el canto facilita la memorización de las verdades de la fe. Muchos de los himnos litúrgicos contienen en sus letras elementos teológicos que serían difíciles de enseñar únicamente mediante la instrucción directa. Por ejemplo, el **Credo**, que es una profesión de fe integral, ha sido cantado en diferentes versiones a lo largo de los siglos, ayudando a los fieles a recordar las doctrinas fundamentales del cristianismo. Los niños que aprenden a cantar el Credo, aunque no entiendan cada palabra en profundidad, ya están plantando las semillas de una comprensión más profunda que crecerá con el tiempo. La repetición regular del Credo en la liturgia también asegura que este conocimiento quede arraigado en sus corazones y mentes.

Más allá de la memorización, el canto también les permite experimentar las verdades de la fe a nivel emocional. Cuando se canta el **Stabat Mater** en la Semana Santa, por ejemplo, no solo se recita una narración sobre el sufrimiento de la Virgen María al pie de la cruz, sino que se invita a los fieles a entrar en ese sufrimiento con ella, participando del dolor y la esperanza que forman parte del misterio de la Redención. Para los niños, estas experiencias musicales pueden tener un efecto duradero, ayudándoles a construir una relación emocional con los misterios de la fe, y no solo una comprensión intelectual.

El impacto del canto en la vida espiritual también se extiende a la comunidad. Cuando los niños cantan en la liturgia, no lo hacen solos. Su voz se une a la de la congregación, creando un sentido de pertenencia y participación activa en la comunidad de fe. Este aspecto comunitario del canto es esencial en la formación de su identidad como miembros del Cuerpo de Cristo. Aprenden que la fe no es algo que se vive en aislamiento, sino que es compartida con otros. El canto comunitario fortalece la unidad de la Iglesia y les muestra a los niños que, aunque sus voces sean pequeñas, tienen un papel importante en la alabanza de Dios junto con los demás.

Además, el canto puede actuar como un puente entre generaciones. Los himnos que los niños aprenden hoy han sido cantados por sus padres, abuelos y generaciones anteriores de fieles. Este sentido de continuidad les da una conexión con su herencia católica y les recuerda que forman parte de una tradición viva que trasciende el tiempo. La música les ayuda a comprender que la fe católica no es solo una serie de creencias abstractas, sino una forma de vida que ha sido vivida y celebrada por innumerables santos a lo largo de la historia.

Otro aspecto que merece destacarse es la capacidad del canto para infundir en los niños un sentido de asombro y reverencia hacia lo sagrado. Los himnos y cantos que se eligen para la liturgia no son casuales, sino que están diseñados para elevar el corazón y la mente hacia Dios. La majestuosidad de ciertos himnos puede inspirar en los niños una sensación de lo trascendente, ayudándoles a reconocer la grandeza y la santidad de Dios. Este sentido de lo sagrado es algo que muchas veces se pierde en una cultura cada vez más secularizada, y el canto puede ser un medio poderoso para contrarrestar esa tendencia.

El canto en la liturgia no solo debe limitarse a las misas dominicales o a las grandes celebraciones litúrgicas, sino que puede integrarse en la vida cotidiana de los niños. En el aula, los educadores pueden utilizar los cantos como parte de las oraciones diarias, enseñándoles a orar cantando antes de comenzar el día escolar, o en momentos de reflexión durante la jornada. Incluso en casa, los padres pueden animar a sus hijos a cantar oraciones sencillas antes de las comidas o al final del día. De esta manera, el canto se convierte en una práctica habitual de oración, reforzando su conexión con Dios en todos los aspectos de la vida diaria.

Finalmente, no debemos subestimar el papel del canto en el desarrollo personal de los niños. La música tiene el poder de moldear el carácter, ayudando a los niños a desarrollar cualidades como la disciplina, la paciencia y la perseverancia. Aprender a cantar bien requiere tiempo y esfuerzo, y a través de este proceso, los niños aprenden a perseverar en sus esfuerzos, a no rendirse ante la frustración y a superar los desafíos con determinación. Estas cualidades, desarrolladas a través del canto, también son fundamentales para su crecimiento espiritual, ya que la vida de fe requiere paciencia y perseverancia frente a las dificultades.

En conclusión, el canto en la vida espiritual de los niños no es una simple adición al currículo educativo, sino un elemento central en su formación como cristianos. A través del canto, los niños aprenden a orar, a conectarse con la tradición de la Iglesia, a participar en la vida comunitaria de la fe y a desarrollar cualidades que les servirán tanto en su vida espiritual como personal. El canto es un regalo que les permitirá adentrarse más profundamente en el misterio de Dios y en la comunión con los demás fieles, preparándolos para una vida de fe sólida y llena de gracia.

El canto también es un medio poderoso para expresar la alegría y la gratitud que deben caracterizar la vida de un cristiano. Himnos como el **Lauda Sion Salvatore** o el **Te Deum** son ejemplos de cómo la música puede manifestar la alabanza a Dios de una manera que toca el corazón. Cuando los niños participan en estas expresiones de alegría y agradecimiento, aprenden no solo a reconocer las bendiciones en sus vidas, sino también a compartir esa alegría con los demás. Este sentido de comunidad y unidad en la alabanza es fundamental para la vida de la Iglesia, y el canto ayuda a cimentar esa relación en la experiencia compartida de la adoración.

Por último, no debemos olvidar el aspecto formativo que el canto tiene en la capacidad de los niños para apreciar la belleza. La música, especialmente la música sacra, les ofrece una experiencia estética que trasciende lo cotidiano y les invita a contemplar la belleza de lo divino. La exposición a esta belleza no solo enriquece su vida espiritual, sino que también les ayuda a desarrollar un sentido de admiración y asombro hacia el mundo que los rodea. Esta capacidad para ver y apreciar lo bello es esencial en su crecimiento como individuos que buscan la verdad y el bien en todos los aspectos de la vida.

En conclusión, la espiritualidad a través del canto en la Educación Primaria no es solo un método de enseñanza, sino una forma integral de formar a los niños en su fe. A través de la música, los niños aprenden a orar, a participar en la vida litúrgica, a conectarse con su comunidad y a crecer en su relación con Dios. Cada himno que aprenden, cada nota que cantan, les ayuda a construir un camino de fe que, con el tiempo, dará fruto en su vida cristiana. Este camino, forjado a través de la belleza del canto y el misterio de la liturgia, es un regalo que les acompañará a lo largo de toda su vida, guiándolos hacia un encuentro más profundo con el amor de Dios.

La música, por tanto, se convierte en un vehículo poderoso de fe y espiritualidad, que no solo enriquece su experiencia religiosa, sino que también forma su carácter, les enseña la importancia de la comunidad y les permite experimentar la grandeza del misterio divino. Al final, los niños no solo se convierten en cantores, sino en testigos de la fe viva, y a través de su canto, se convierten en mensajeros de la esperanza y la alegría del Evangelio.

Capítulo 6: La integración plena de música, silencio y fe en la vida cristiana

El hombre moderno está constantemente bombardeado por estímulos sensoriales, especialmente auditivos. Vivimos en un mundo donde el ruido parece dominar cada rincón de nuestra vida cotidiana: desde el bullicio de las calles, hasta la cacofonía de medios digitales que nos rodean. En medio de este contexto, la música, el silencio y la fe ofrecen un camino hacia una vida más plena, centrada en lo esencial. La integración de estos tres elementos no es solo una cuestión de orden pedagógico o litúrgico, sino que es, fundamentalmente, una expresión de la antropología cristiana que sitúa al ser humano en su relación más profunda con Dios.

La música tiene una dimensión pedagógica, espiritual y formativa que, cuando se integra con el silencio y la fe, adquiere un significado profundo en la vida cristiana. No se trata solo de una experiencia estética o emocional, sino de una verdadera pedagogía del alma que nos lleva a una vida de oración y contemplación. Como hemos visto en los capítulos anteriores, la música tiene la capacidad de trascender lo meramente sensorial para elevar el espíritu hacia Dios, siendo un lenguaje del alma que comunica aquello que las palabras no pueden expresar.

El silencio, por su parte, es el espacio donde la música encuentra su resonancia más auténtica. Es en el silencio donde la palabra y el sonido adquieren su verdadero significado. En la tradición cristiana, el silencio no es una ausencia de sonido, sino una actitud interior de apertura a la voz de Dios. Los grandes santos y místicos de la Iglesia, desde San Benito hasta San Juan de la Cruz, han resaltado la importancia del silencio como camino hacia la contemplación y la unión con Dios. En el contexto de la música sacra y la liturgia, el silencio juega un papel esencial, permitiendo que la música no solo sea un mero ruido o espectáculo, sino una verdadera oración que brota del corazón.

La fe, en último término, es el hilo conductor que une la música y el silencio en la vida del cristiano. Sin fe, la música pierde su profundidad espiritual y se convierte en una simple manifestación artística sin trascendencia. De igual manera, el silencio, sin la fe, se transforma en una mera quietud externa, incapaz de conducirnos hacia Dios. Es la fe la que da sentido a la experiencia musical y a la contemplación en silencio, permitiendo que ambas realidades se integren plenamente en nuestra vida cristiana. Esta integración es fundamental no solo para nuestra vida litúrgica, sino también para nuestra vida diaria, ya que nos invita a vivir en un estado constante de oración y adoración, donde cada momento, cada sonido y cada silencio, pueden convertirse en una oportunidad para encontrarnos con Dios.

Desde los primeros tiempos del cristianismo, la música ha sido una parte integral de la vida de fe de los creyentes. A lo largo de los siglos, la música litúrgica se ha desarrollado de diversas formas, pero siempre ha mantenido su carácter esencial de ser una oración cantada. En este sentido, la música no es solo un adorno estético para la liturgia, sino una expresión profunda de la fe del pueblo de Dios.

El **Canto Gregoriano**, por ejemplo, es uno de los mayores tesoros de la Iglesia en cuanto a música sacra se refiere. Este canto monódico, caracterizado por su simplicidad y sobriedad, es el canto oficial de la Iglesia, y su finalidad es, precisamente, llevar al alma a un estado de recogimiento y oración. Su belleza no reside en una complejidad técnica o en una espectacularidad musical, sino en su capacidad para expresar la oración de la Iglesia de manera profunda y sincera. En este sentido, el Canto Gregoriano es una manifestación de cómo la música, en su forma más pura, puede ser un vehículo de fe y de encuentro con Dios.

Otro ejemplo importante es el uso de los **Salmos** en la liturgia. Los Salmos son himnos que expresan los más variados sentimientos humanos: alegría, tristeza, alabanza, súplica, confianza en Dios, etc. Estos himnos, cantados o recitados en la liturgia, permiten que los fieles se unan en oración con las palabras inspiradas de la Sagrada Escritura. Cuando los niños en la Educación Primaria aprenden a cantar los Salmos, no solo están aprendiendo una tradición musical, sino que están siendo introducidos en la vida de oración de la Iglesia. Este tipo de integración entre música y fe es fundamental en la formación espiritual de los niños.

La tradición monástica ha jugado un papel fundamental en el redescubrimiento del silencio como un elemento esencial en la vida de fe. Los monjes, desde los primeros siglos del cristianismo, han comprendido que el silencio no es una mera ausencia de ruido, sino una actitud de apertura y disposición a la escucha de la voz de Dios. En el contexto de la vida litúrgica, el silencio tiene un papel crucial. No solo permite que la música y la oración sean escuchadas con mayor atención, sino que crea el espacio necesario para que los fieles puedan interiorizar el misterio que se celebra.

En la educación musical de los niños, es importante enseñarles no solo a valorar la música, sino también a apreciar el silencio. En un mundo donde el ruido parece ser omnipresente, enseñar a los niños a guardar silencio en ciertos momentos puede ser un reto, pero es una lección invaluable para su vida espiritual. El silencio les enseña a esperar, a escuchar y a contemplar. Les enseña que no siempre es necesario llenar el espacio con palabras o sonidos, sino que a veces, el mayor acto de fe es simplemente permanecer en silencio ante la presencia de Dios.

En la liturgia, el silencio tiene momentos muy específicos y significativos. Por ejemplo, el silencio después de la Comunión **es un momento clave** para la oración personal y la acción de gracias. Es un tiempo en el que cada fiel puede hablar con Dios desde lo más profundo de su corazón, sin necesidad de palabras, permitiendo que el encuentro sacramental con Cristo Eucaristía se haga presente de manera más plena en su vida. Este tipo de silencio, lleno de fe y de amor, es una experiencia que los niños deberían aprender desde una edad temprana, ya que les ayudará a crecer en su vida de oración y a profundizar en su relación con Dios.

La vida cristiana no se limita a los momentos de oración o liturgia. Al contrario, la fe es algo que debe vivirse en cada momento de nuestra vida, y la música y el silencio pueden jugar un papel importante en esta vivencia diaria de la fe. Escuchar música sacra en casa, por ejemplo, puede ser una forma de crear un ambiente de oración y de recogimiento. Del mismo modo, dedicar momentos específicos del día al silencio y la oración personal ayuda a mantener una conexión constante con Dios.

En la Educación Primaria, es esencial que los niños aprendan a integrar estos elementos en su vida diaria. No se trata solo de enseñarles a cantar himnos o a guardar silencio durante la Misa, sino de ayudarles a comprender que la música y el silencio son medios a través de los cuales pueden encontrarse con Dios en su vida cotidiana. La música les ayuda a expresar su alegría, su agradecimiento y su amor a Dios, mientras que el silencio les enseña a escuchar y a contemplar.

Juntos, estos dos elementos forman una parte integral de su vida de fe, y les ayudan a crecer en su relación con Dios.

Este proceso de integración no sucede de manera automática, sino que requiere tiempo, paciencia y un acompañamiento adecuado. Los profesores y catequistas juegan un papel crucial en este proceso, ya que son los encargados de guiar a los niños en su camino de fe. A través de actividades musicales, momentos de oración en silencio y la enseñanza de los valores cristianos, los niños pueden aprender a vivir una vida de fe plena y auténtica, donde la música, el silencio y la oración son parte de su día a día.

La vida cristiana, en su totalidad, se nutre de estos elementos que, aunque a primera vista parecen sencillos, tienen una riqueza profunda que modela la espiritualidad individual y colectiva. La música, el silencio y la fe están intrínsecamente relacionados, y esta integración se puede observar en la misma liturgia, donde cada canto y cada momento de silencio tienen un propósito teológico y espiritual claro. No es casual que la Iglesia, a lo largo de los siglos, preservara con tanto celo sus tradiciones musicales y su estructura litúrgica, con sus tiempos de palabras, de cantos y de silencios. Esto refleja una comprensión profunda de la naturaleza humana, que necesita tanto del sonido como del silencio para acercarse a lo divino.

Cuando se canta un himno como el **Agnus Dei,** por ejemplo, los fieles no solo están vocalizando palabras, sino que están participando de una oración universal, que se ha mantenido inmutable a lo largo de los siglos. Este canto, que se remonta a las primeras celebraciones eucarísticas, no solo une a los presentes en la celebración, sino que también conecta a la comunidad actual con la Iglesia universal y con todas las generaciones de fieles que han cantado estas mismas palabras. En este sentido, la música litúrgica tiene una capacidad extraordinaria para trascender el tiempo y el espacio, conectando a los creyentes con el pasado, el presente y el futuro de la Iglesia.

El silencio, por otro lado, no es simplemente una pausa entre cantos o lecturas. Es un tiempo de profundización, un espacio en el que las almas pueden asimilar lo que han experimentado a través de la música, la Palabra de Dios y los gestos litúrgicos. En la vida cristiana, es esencial aprender a valorar este tipo de silencio, que no es vacío, sino lleno de significado. Es un silencio que invita a la reflexión y a la apertura a la acción del Espíritu Santo. En los tiempos actuales, cuando el ruido parece dominar cada aspecto de nuestra vida, el silencio litúrgico se convierte en un respiro necesario, una invitación a detenerse y a escuchar la suave voz de Dios en lo más profundo del corazón.

Esta integración de música, silencio y fe no es una realidad limitada a la liturgia, sino que puede y debe ser vivida también en la vida diaria. La vida de un cristiano no está segmentada en compartimentos, donde la fe se limita a ciertos momentos o actividades. Al contrario, la fe impregna todas las áreas de la vida, y tanto la música como el silencio pueden ser medios a través de los cuales esta fe se expresa y se vive de manera más plena. Escuchar música sacra en casa, por ejemplo, puede ser una forma de santificar el tiempo cotidiano, convirtiendo un momento ordinario en una oportunidad para la oración y la alabanza. Del mismo modo, encontrar momentos de silencio en el ajetreo diario puede ayudar a mantener un corazón dispuesto a la escucha de Dios, incluso en medio de las tareas más mundanas.

Para los niños, especialmente, esta integración puede ser un camino privilegiado hacia una fe más profunda y auténtica. Cuando aprenden a cantar himnos litúrgicos, no solo están desarrollando habilidades musicales, sino que están siendo introducidos en la vida de oración de la Iglesia. Al mismo tiempo, cuando se les enseña a guardar silencio en los momentos apropiados, están aprendiendo a crear un espacio interior en el que pueden escuchar la voz de Dios. Este tipo de formación es esencial para su desarrollo espiritual, ya que les ayuda a integrar su fe en todas las áreas de su vida, no solo en los momentos de oración formal, sino también en su vida cotidiana.

La música y el silencio son dos caras de la misma moneda en la vida cristiana. Mientras que la música eleva el alma hacia Dios a través de la belleza del sonido, el silencio permite que esa misma alma repose en la presencia de Dios, en una actitud de escucha y contemplación. Ambas realidades son necesarias para una vida espiritual equilibrada y plena. En la enseñanza de la fe a los más jóvenes, es esencial que se les enseñe no solo a apreciar la belleza de la música, sino también a encontrar valor en el silencio, a reconocer que en la quietud del corazón es donde a menudo se escucha la voz de Dios de manera más clara y profunda.

Además, esta integración de música, silencio y fe tiene implicaciones importantes para la educación en general, no solo en el ámbito religioso. Los estudios han demostrado que la música puede tener un impacto positivo en el desarrollo cognitivo y emocional de los niños, ayudándoles a mejorar su capacidad de concentración, su memoria y su habilidad para resolver problemas. Del mismo modo, el silencio y la quietud son fundamentales para el bienestar emocional y espiritual de los niños, proporcionándoles un espacio de calma en el que pueden procesar sus pensamientos y emociones de manera saludable. En este sentido, la educación musical y la formación en la fe no son elementos separados, sino que pueden y deben integrarse en un enfoque educativo holístico que busque el desarrollo integral de la persona.

En la vida cristiana, esta integración se manifiesta de manera más plena en la celebración de los sacramentos, especialmente en la Eucaristía. Aquí, la música, el silencio y la fe se entrelazan de manera única, permitiendo que los fieles participen de manera activa en el misterio de la salvación. La música litúrgica, ya sea a través del canto gregoriano, de los himnos tradicionales en latín o de las composiciones más contemporáneas, tiene el poder de elevar los corazones hacia Dios y de unir a la comunidad en una sola voz de alabanza. El silencio, por su parte, permite que los fieles interioricen lo que han vivido en la liturgia, abriendo sus corazones a la gracia de Dios y preparándolos para recibir los frutos espirituales de los sacramentos.

Este capítulo ha buscado mostrar cómo la música y el silencio, cuando se viven en el contexto de la fe, no son meras herramientas pedagógicas o estéticas, sino realidades profundamente espirituales que pueden transformar la vida de los creyentes. En la vida cristiana, no hay una separación entre lo que se vive en la liturgia y lo que se vive en el día a día. La música que se canta en la Misa, los momentos de silencio que se experimentan en la oración y la fe que se vive en cada aspecto de la vida son expresiones de una misma realidad: la comunión con Dios. Cuando los niños aprenden a integrar estas realidades en su vida diaria, están siendo preparados para una vida de fe más profunda y auténtica, una vida en la que cada momento, cada sonido y cada silencio pueden convertirse en una oportunidad para encontrarse con Dios y para crecer en santidad.

Esta integración plena de música, silencio y fe no es un ideal inalcanzable, sino una llamada a vivir la vida cristiana en toda su plenitud. Al igual que el canto gregoriano resuena en la quietud del templo, elevando las almas hacia el cielo, así también nuestras vidas pueden resonar con la música de la fe, vivida en la belleza del silencio y en la plenitud del amor de Dios. Cuando la música y el silencio se encuentran en la vida de fe, se abre ante nosotros un camino hacia la comunión con Dios, un camino que comienza en la liturgia, pero que se extiende a cada rincón de nuestra vida diaria.

Capítulo 7: Propuestas didácticas: música como camino hacia lo sagrado

La música tiene una capacidad única para elevar el alma y conectar lo humano con lo divino. Este poder inherente la convierte en una herramienta didáctica insustituible en la Educación Primaria, donde se siembran las primeras semillas de la espiritualidad en el niño. En este último capítulo, exploraremos cómo las propuestas didácticas centradas en la música pueden servir como un camino directo hacia lo sagrado, guiando a los niños no solo a través de un aprendizaje técnico, sino hacia una experiencia más profunda de fe y conexión con Dios.

Es esencial comenzar comprendiendo que la música en el contexto educativo no es únicamente una actividad lúdica ni una herramienta para el desarrollo cognitivo. En la perspectiva cristiana, va mucho más allá de esos aspectos. Al ser usada correctamente, la música se transforma en un puente entre lo visible y lo invisible, entre lo temporal y lo eterno. El educador tiene el privilegio de guiar a los alumnos en este camino, presentándoles una música que los acerca a la contemplación de la belleza de Dios.

Dentro de la liturgia católica, se ha mantenido siempre la importancia de la música como parte integral de la adoración. Desde los primeros siglos de la Iglesia, el canto gregoriano y otras formas de música sacra han sido elementos esenciales en la vida espiritual de los fieles. El **Sanctus**, el **Agnus Dei**, el *Kyrie* y otros cantos litúrgicos en latín o griego son solo algunos ejemplos de cómo el sonido puede ser un vehículo para el misterio divino. Incluir estas piezas en la formación musical de los niños no es solo una cuestión de enseñarles obras antiguas, sino de sumergirlos en una tradición viva que los conecta con siglos de oración y adoración.

La metodología a utilizar en estas propuestas didácticas debe ser flexible, pero orientada siempre hacia el mismo fin: hacer de la música un lenguaje del alma. En la práctica, esto podría incluir la enseñanza de himnos litúrgicos, la introducción a la polifonía sacra, y la exposición a formas contemporáneas de música religiosa que mantengan su valor espiritual y estético. Los cantos en latín, en particular, permiten a los niños experimentar la universalidad de la Iglesia, participando en una tradición que ha permanecido constante a lo largo de los siglos.

Es importante destacar que estas propuestas didácticas no deben limitarse a las aulas de música, sino que deben integrarse en la vida diaria de la escuela católica. Por ejemplo, los momentos de oración pueden enriquecerse con la incorporación de cantos como el **Salve Regina** o el **Regina Caeli**, piezas que han tocado los corazones de los fieles por generaciones. A través de esta inmersión en la música sacra, los niños aprenden no solo a apreciar su valor estético, sino a sentir su dimensión espiritual.

En un nivel más práctico, las propuestas didácticas deben considerar la capacidad de los niños para interpretar y crear música como un acto de alabanza. Esto significa no solo enseñarles a cantar correctamente, sino inculcarles el sentido de que están participando en algo mucho más grande que ellos mismos: están contribuyendo al acto de adoración, ya sea en la Santa Misa o en otros momentos de oración. La estructura misma de las lecciones debe apuntar a este fin, fomentando la creatividad sin perder de vista el propósito último de la música: glorificar a Dios.

El educador, en este sentido, tiene una responsabilidad crucial: presentar la música no como una mera disciplina técnica, sino como una vía de comunicación con lo trascendente. A través de la enseñanza de cantos sagrados, especialmente en latín, los niños pueden empezar a comprender que la música trasciende lo meramente humano y los coloca en una disposición adecuada para el encuentro con Dios. La música en latín tiene una particularidad que no se encuentra fácilmente en otros lenguajes, debido a su sonoridad, solemnidad y el hecho de que ha sido la lengua de la Iglesia durante siglos. Cantar el **Gloria**, el **Credo** o el **Pater Noster** no es simplemente un acto de vocalización; es una participación en la oración universal de la Iglesia, que los une con fieles de todos los tiempos y lugares.

Además, la música como parte de la liturgia enseña a los niños un sentido profundo de lo sagrado. En un mundo donde lo sagrado parece cada vez más marginado, la liturgia musical ofrece un espacio único donde el misterio y la reverencia pueden ser experimentados de manera directa. No es casualidad que muchos santos hayan hablado del poder de la música para llevar el alma hacia Dios. San Agustín, por ejemplo, señaló cómo el canto le ayudaba a sentir más intensamente la presencia de Dios, y ese mismo sentimiento puede ser inculcado en los jóvenes estudiantes.

En términos pedagógicos, es fundamental que las actividades musicales propuestas sean accesibles y adecuadas a la edad de los niños, pero sin subestimar su capacidad de aprehender lo trascendental. Los niños tienen una capacidad innata para el asombro, y la música puede ser un medio extraordinario para cultivar ese asombro y dirigirlo hacia la belleza de Dios. La enseñanza de la música no debe ser simplemente la transmisión de conocimiento teórico, sino la apertura de un espacio donde los alumnos puedan experimentar el misterio de lo divino.

Las propuestas didácticas también deben incluir la creación musical, animando a los estudiantes a componer sus propias piezas o a improvisar dentro de los parámetros de la música sacra. Esto les da la oportunidad de expresar su fe a través de la música, creando un lazo personal con lo que cantan y tocan. Al mismo tiempo, deben ser guiados para que comprendan que su creatividad no está desconectada del resto de la tradición, sino que es una contribución viva a una cadena de oración y adoración que se extiende a lo largo de la historia de la Iglesia.

El rol de la música en la Educación Primaria, entonces, no debe ser visto solo como un medio para desarrollar habilidades artísticas o intelectuales, sino como una herramienta para formar a los niños en la fe y en la vida espiritual. La música sagrada tiene un propósito mucho más elevado que cualquier otra forma de arte: preparar el alma para el encuentro con Dios. Esta comprensión debe estar en el centro de cualquier propuesta didáctica dentro de un contexto católico.

Las propuestas didácticas para la enseñanza de la música como camino hacia lo sagrado deben estar cuidadosamente diseñadas para fomentar en los niños una comprensión más profunda de su fe, además de un aprecio estético por la belleza. Sin embargo, no basta con la mera enseñanza de cantos sagrados o la exposición a piezas litúrgicas. Se requiere un enfoque integral que abarque todos los aspectos de la música, desde su ejecución técnica hasta su interpretación espiritual, uniendo el intelecto y el corazón en un mismo acto de alabanza.

Una parte esencial de esta formación integral es enseñar a los niños a discernir el valor espiritual de la música. En un contexto secularizado, donde gran parte de la música que consumen los jóvenes está desprovista de contenido trascendental, es importante introducirles a piezas que no solo son bellas, sino que elevan el espíritu. La música sacra, especialmente aquella que ha sido consagrada en el uso litúrgico, tiene el poder de tocar lo más profundo del alma, de manera que no solo afecta los sentidos, sino que guía a la persona hacia una experiencia de lo sagrado.

Es importante, entonces, que los maestros no subestimen la capacidad de los niños para apreciar y participar en esta tradición. Aunque en ocasiones se piensa que los niños necesitan un repertorio más sencillo o lúdico, la experiencia muestra que los niños responden de manera sorprendentemente positiva a la música sacra. Cuando se les ofrece la oportunidad de participar en el canto litúrgico, pueden captar, aunque sea intuitivamente, la grandeza y la solemnidad de la música que están cantando. Esto no significa que se deban imponer repertorios complejos o inadecuados para su edad, sino que se puede empezar con piezas sencillas pero profundas, que les permitan sentir que son parte de algo más grande, como el **Salve Regina**.

En cuanto a la metodología, una propuesta didáctica eficaz debe equilibrar la enseñanza técnica con la formación espiritual. Los niños deben aprender a cantar correctamente, a afinar sus voces, a respetar el ritmo y las dinámicas musicales, pero siempre dentro de un contexto que les recuerde que lo que están haciendo tiene un significado más profundo. Un maestro de música en una escuela católica debe ser consciente de que, a través de su enseñanza, está ayudando a los niños a orar. En este sentido, cada clase de música puede convertirse en una pequeña liturgia, donde el acto de cantar o tocar un instrumento se convierte en una forma de alabanza.

Por otro lado, las propuestas didácticas deben fomentar la participación activa de los niños en la vida litúrgica de la comunidad escolar. No se trata solo de enseñarles música en el aula, sino de ofrecerles oportunidades para que pongan en práctica lo que han aprendido en el contexto de las celebraciones litúrgicas. Los niños que participan en el coro de la misa escolar, por ejemplo, no solo desarrollan sus habilidades musicales, sino que también experimentan de primera mano el poder de la música como parte del culto a Dios. Esto les ayuda a interiorizar la idea de que la música no es solo un arte, sino una forma de servicio y una expresión de su fe.

La integración de la música en la vida litúrgica de la escuela puede incluir no solo los cantos durante la misa, sino también otros momentos de oración comunitaria. Por ejemplo, en los tiempos litúrgicos más solemnes, como el Adviento o la Cuaresma, se pueden organizar momentos de oración donde los niños canten himnos propios de estos tiempos, como el **Rorate Caeli** o el **Attende Domine**. Estos momentos, además de enriquecer la vida espiritual de los niños, les permiten sentir que están participando en una tradición viva y en constante renovación, una tradición que les conecta con los fieles de todas las épocas y lugares.

Otro aspecto crucial de las propuestas didácticas es la formación de los maestros. No todos los maestros de música en las escuelas católicas están formados en la tradición de la música sacra, y muchos pueden sentirse inseguros a la hora de enseñar cantos litúrgicos o repertorios en latín. Por lo tanto, es fundamental que los educadores reciban una formación adecuada que les permita no solo enseñar correctamente la técnica musical, sino también transmitir el valor espiritual de la música que están enseñando. Esta formación puede incluir cursos de canto gregoriano, polifonía sacra, y liturgia, además de oportunidades para participar en celebraciones litúrgicas donde puedan experimentar de primera mano el poder de la música sacra.

Finalmente, las propuestas didácticas deben ser flexibles y adaptarse a las circunstancias de cada comunidad escolar. No todas las escuelas tendrán los mismos recursos o el mismo nivel de preparación musical, pero lo importante es que todas las escuelas católicas tengan como objetivo hacer de la música una parte esencial de la formación espiritual de sus alumnos. A través de la música, los niños no solo desarrollan sus talentos artísticos, sino que aprenden a participar en el misterio de la fe, a través de un lenguaje que trasciende las palabras y les permite conectarse con lo divino de una manera única.

La importancia de un enfoque gradual en la implementación de estas propuestas didácticas no puede ser subestimada. La enseñanza de la música sagrada no es una tarea que pueda llevarse a cabo de manera apresurada o superficial, ya que se trata de una formación que, en última instancia, busca moldear el corazón y el espíritu de los niños hacia una mayor comprensión y participación en los misterios de la fe. Por lo tanto, es esencial que los maestros estructuren su enseñanza de manera progresiva, introduciendo a los estudiantes de manera gradual en la riqueza del repertorio litúrgico y de la tradición musical de la Iglesia.

En primer lugar, es necesario empezar por lo más accesible, tanto desde el punto de vista técnico como espiritual. El uso de cantos simples pero profundamente significativos, como el **Agnus Dei** o el **Sanctus**, es una excelente manera de comenzar. Estos cantos, además de ser relativamente fáciles de aprender, son fundamentales en la estructura de la misa y están imbuidos de un significado espiritual que los niños pueden empezar a comprender y apreciar con el tiempo. Además, su repetición regular en la liturgia ofrece a los estudiantes la oportunidad de interiorizar su mensaje y su función dentro del culto.

A medida que los niños progresan en su formación musical y espiritual, se pueden ir introduciendo piezas más complejas y desafiantes. El canto gregoriano, aunque a menudo percibido como difícil, puede ser enseñado de manera accesible si se aborda de manera gradual. Comenzar con melodías simples y repetitivas, como el **Kyrie Eleison** o el **Gloria in Excelsis Deo**, puede ayudar a los niños a familiarizarse con las peculiaridades del estilo gregoriano, como los modos y la falta de compás regular, mientras desarrollan su capacidad para cantar de manera más precisa y con una mayor sensibilidad hacia la naturaleza espiritual de la música.

Es importante destacar que el proceso de enseñanza no debe centrarse únicamente en el aspecto técnico de la música. Aunque es esencial que los estudiantes aprendan a cantar correctamente, afinarse, y seguir las indicaciones del maestro, el objetivo último de esta enseñanza es que los niños lleguen a una comprensión más profunda del papel de la música en la vida litúrgica y espiritual de la Iglesia. Por esta razón, los maestros deben esforzarse por integrar una dimensión catequética en sus clases de música. Esto puede incluir la explicación de los textos litúrgicos que se están cantando, su lugar en la misa, y su significado dentro del contexto de la fe católica. Así, los estudiantes no solo aprenden a cantar bien, sino que también aprenden a orar con la música.

Además, se debe prestar atención al entorno en el que se enseña y se practica la música sagrada. Idealmente, las clases de música sacra deben celebrarse en un ambiente que refleje la solemnidad y la sacralidad del repertorio que se está aprendiendo.

En este contexto, es crucial recordar que la música sacra no debe ser tratada como un simple medio de entretenimiento o de enriquecimiento cultural. Aunque la música tiene un valor estético indudable, su función principal dentro de la liturgia es glorificar a Dios y santificar a los fieles. Esta es la razón por la cual la Iglesia dio tanto énfasis a la importancia de mantener y promover la música sacra en su forma más pura. La música litúrgica tiene el poder de elevar el alma hacia Dios, de ayudar a los fieles a concentrarse en la oración, y de hacer presente de manera palpable el misterio de lo sagrado

En términos prácticos, esto significa que la enseñanza de la música sacra en las escuelas católicas no debe reducirse a una mera apreciación musical. Los maestros deben estar profundamente convencidos de que lo que están enseñando no es solo una disciplina artística, sino una forma de espiritualidad, una manera de llevar a los estudiantes más cerca de Dios. Para lograr esto, es esencial que los maestros mismos vivan esta realidad en su propia vida espiritual. Un maestro que ve la música sacra solo como un conjunto de notas y ritmos no podrá transmitir a sus alumnos la verdadera profundidad de esta tradición. Por el contrario, un maestro que entiende la música sacra como una oración, como un medio para alabar a Dios y para meditar en los misterios de la fe, podrá guiar a sus estudiantes hacia una experiencia más profunda y significativa de la música litúrgica.

Es también recomendable que las propuestas didácticas incluyan momentos de reflexión y silencio dentro del proceso de aprendizaje musical. Como hemos señalado en capítulos anteriores, el silencio es una parte esencial de la música sacra, ya que es en el silencio donde se prepara el corazón para escuchar la voz de Dios. Por lo tanto, las clases de música no deben ser un constante flujo de sonido y actividad. Debe haber momentos en los que los estudiantes puedan detenerse, reflexionar sobre lo que han cantado, y permitir que la música resuene en su interior. De esta manera, los niños aprenden a ver la música no solo como una actividad externa, sino como una experiencia espiritual que involucra todo su ser.

La última fase de estas propuestas didácticas debe centrarse en la participación activa de los niños en la liturgia misma. Todo el proceso de enseñanza de la música sagrada debe culminar en la experiencia viva de la liturgia, en la que los estudiantes no solo escuchan la música, sino que participan plenamente en ella, como cantores y fieles. A través de la práctica regular y la familiarización con los cantos litúrgicos, los niños estarán preparados no solo para cantar durante la misa, sino para hacerlo con un sentido profundo de reverencia y entendimiento espiritual.

Un enfoque eficaz para esta última fase es organizar celebraciones litúrgicas donde los niños tengan un papel destacado en el canto. Esto podría incluir misas escolares especiales en las que los alumnos canten las partes ordinarias y propias de la misa, o incluso cantos más complejos como himnos o antífonas gregorianas. Estas celebraciones no solo permiten a los estudiantes poner en práctica lo que han aprendido, sino que también refuerzan la idea de que la música sacra es inseparable de la vida litúrgica de la Iglesia.

Además, es importante que los maestros animen a los estudiantes a ver el canto litúrgico no como una tarea o un espectáculo, sino como una forma de oración. En este sentido, el papel del maestro es fundamental, ya que es el maestro quien debe transmitir a los alumnos esta visión espiritual de la música. Los niños necesitan entender que cuando cantan en la liturgia, no están simplemente cantando para la congregación o para sí mismos, sino que están ofreciendo sus voces como un acto de adoración a Dios.

Es aquí donde se revela una de las verdades más profundas sobre la relación entre la música, el silencio y la fe. La música litúrgica, en su forma más pura, no es una actividad aislada; es parte integral de la vida de la fe. A través del canto, los fieles entran en comunión con el misterio de Cristo y con la Iglesia universal. En este sentido, la música sacra tiene una dimensión escatológica, ya que prefigura el canto eterno de alabanza que los santos y ángeles entonan en el cielo.

Concluyendo este capítulo y el libro en su totalidad, es evidente que la integración de la música, el silencio y la fe en la Educación Primaria no es solo una tarea educativa, sino un llamado a formar corazones y almas en la verdadera adoración a Dios. Al enseñar a los niños a cantar, a valorar el silencio y a reconocer la belleza divina en la música, los maestros están cumpliendo una misión espiritual de incalculable valor.

El canto litúrgico, especialmente cuando es entendido y vivido como una oración, no solo forma parte de la experiencia litúrgica, sino que también puede moldear el carácter espiritual de los niños. Los prepara para una vida de fe, los ayuda a descubrir la presencia de Dios en lo cotidiano y les ofrece un lenguaje con el que pueden expresar su amor por Él. De este modo, la música y el silencio se convierten en dos caras de una misma moneda: ambas son expresiones del alma que busca a Dios y que, al encontrarlo, se transforma en adoración pura.

En definitiva, la propuesta didáctica de la música como camino hacia lo sagrado no es solo una sugerencia pedagógica, sino una verdadera vocación. Los maestros que adoptan este enfoque están llamados a ser no solo educadores, sino guías espirituales, ayudando a los niños a encontrar a Dios en la belleza de la música y en el silencio profundo que prepara el alma para recibir la gracia divina.

Bibliografía

- **Catecismo de la Iglesia Católica** (1992) Catecismo de la Iglesia Católica *Libreria Editrice Vaticana*
- **Guardini, R.** (1998) El espíritu de la liturgia *Ediciones Encuentro*
- **Juan Pablo II** (1999) Carta a los artistas *Libreria Editrice Vaticana*
- **Benedicto XVI** (2000) Dios y el mundo *Ediciones Cristiandad*
- **Benedicto XVI** (2001) El espíritu de la liturgia: una introducción *Ediciones Cristiandad*
- **Adiego, P.**, et al. (2003) Educación musical en Primaria: propuestas didácticas *Editorial Graó*
- **Benedicto XVI** (2005) Introducción al espíritu de la liturgia *Ediciones Encuentro*
- **Grün, A.** (2005) La música como camino espiritual *Ediciones Sal Terrae*
- **Congregación para la Educación Católica** (2009) Educar juntos en la escuela católica: misión compartida de personas consagradas y fieles laicos *Libreria Editrice Vaticana*
- **Benedicto XVI** (2010) Verbum Domini *Libreria Editrice Vaticana*
- **Sarah, R.** (2017) La fuerza del silencio: contra la dictadura del ruido *Ediciones Palabra*